어떻게
행복한 성공을
할 수 있을까

와일드북

와일드북은 한국평생교육원의 출판 브랜드입니다.

어떻게 행복한 성공을 할 수 있을까

초판 1쇄 인쇄 · 2020년 1월 23일
초판 1쇄 발행 · 2020년 1월 30일

지은이 · 데일 카네기
편 역 · 유광선
발행인 · 유광선
발행처 · 한국평생교육원
편 집 · 장운갑
디자인 · 이종헌

주 소 · (대전) 대전광역시 유성구 도안대로589번길 13 2층
　　　　　(서울) 서울시 서초구 반포대로 14길 30(센츄리 1차오피스텔 1107호)
전 화 · (대전) 042-533-9333 / (서울) 02-597-2228
팩 스 · (대전) 0505-403-3331 / (서울) 02-597-2229

등록번호 · 제2015-30호
이메일 · klec2228@gmail.com

ISBN 979-11-88393-18-3 (13190)
책값은 책표지 뒤에 있습니다.
잘못되거나 파본된 책은 구입하신 서점에서 교환해 드립니다.

> 이 도서의 국립중앙도서관 출판예정도서목록(CIP)은 서지정보유통지원시스템 홈페이지(http://seoji.nl.go.kr)와 국가자료공동목록시스템(http://www.nl.go.kr/kolisnet)에서 이용하실 수 있습니다.(CIP제어번호: CIP2020001327)

어떻게
행복한 성공을
할 수 있을까

데일 카네기 지음
유광선 편역

와일드북
WILD

와이즈 하트 씨는 현장을 뛰어다니는 기자들 중 그 어느 누구보다도 가장 왕성한 활동력으로 여러 곳을 다니고 많은 사람들과 접했으리라 믿는다.

그는 보통보다 한 걸음 더 앞선 사람, 즉 성공의 열쇠를 보고 그것을 자기 것으로 살릴 수 있는 행복한 사람이 있다는 소리만 들으면 어느 곳이든 찾아가서 그 사람과 인터뷰했으며 간혹 시간이 없을 경우에는 편지로 상담하고는 했었는데 세 가지 목적을 이루기 위해서였다.

첫째는, 어떻게 성공자가 되었는가를 알아보는 것.

둘째는, 이러한 성공자가 얻은 교훈 가운데 보통사람들에게 도움이 되고 보탬이 되는 교훈을 발견하는 것.

셋째는, 성공자라 불리는 사람들의 공통된 성향과 실천 방법, 다시 말해 성공의 방법을 밝히는 것이었다.

그가 이 일을 시작한 지는 25년이나 되며 그동안 바다와, 육지, 또 하늘을 날아 유럽 전 지역과 미국의 대륙을 쏘다닌 길은 몇백만 마일에 가깝다.

또한 직접 인터뷰하거나 서신을 주고받은 사람의 수는 약 일만 명

가량이나 되고, 그 결과는 그때그때마다 신문이나 잡지를 통해서 언론에 발표하였다.

그는 행복한 성공을 한 사람들에 대하여 한 사람 한 사람을 비교하거나 또는 한 사람과 전체를 대치시켜 비교 검토할 수 있는 입장에 있었으므로, 모든 성공의 근본 원리가 무엇이며, 그러한 근본 원리를 명료한 형태로 정리하고 표현하여 보통사람들에게 보다 나은 삶과 알찬 인생의 길을 안내해 주어야겠다는 사명감을 가지게 되었다.

그러나 그것은 좀처럼 실행되지 않았다. 자료는 풍부히 그의 손안에 있었지만 그것을 만족하게 꾸며 놓는 데의 밑받침에 그 무엇인가 부족한 것이 있음을 느꼈기 때문이다. 그것은 마치 강력한 탐조등을 비출 준비는 다 되었지만 스위치가 보이지 않는 경우와 같았다.

마침 그러한 때에 그는 대디 라이트 박사를 알게 되었다. 대디(아버지란 말을 친근히 부르는 뜻)는 애칭이고, J. 프랭클린 라이트 박사가 본명이다.

박사는 '인생 안내'라고 불리고 있는 협회의 창립자로서, 그의 유명한 교육방법은 교육자·법률가·의사·학생 등 수많은 사람들로부터 열렬한 지지를 받으며 그들에게 많은 영향력을 미치고 있었다.

와이즈 하트 씨는 그런 라이트 박사에게서 얻은 감명과 박사의 독특한 사상 표현 방법으로써 그가 찾고자 하던 초점을 발견하였던 것이다. 결국 라이트 박사는 와이즈 하트 씨의 탐조등을 비추는 스위치를 찾게 해준 것이다.

와이즈 하트 씨는 박사와 만난 후로 그의 머릿속에서 사라지지 않는 두 가지 문구가 있었다고 한다. 그 하나는 박사가 지은 책자의 소제목에 적힌 '인생의 대가를 읽어라'라는 말이고, 또 하나는 '인생공학engineering'이란 말이었다.

이 두 마디를 생각할 때마다 그는 25년 동안 찾아다녀 본 위대한 성공자나, 또는 무명의 훌륭한 인물들은 모두 '인생의 대가'를 읽었고 그를 실천한 사람들이라고 믿었다.

그들의 생활 기록은 그 어느 것을 보더라도 그 책 가운데에 쓰인 성공의 근본 원리를 내포하고 있었으며, 그들은 모두가 인생의 훌륭한 '건축 기사'들이었던 것이다.

바로 여기에 성공의 열쇠가 있었다.

와이즈 하트 씨가 이 새로운 관점에서 지금까지의 그 많고 많은 성공자들로부터 알게 된 사실들을 다시 정리한 것이, 이 책 '어떻게 행복한 성공을 할 수 있을까'이다.

내용은 행복한 성공자가 인생행로를 걸어가는 태도와 방법이고, 이 사회에 있어서 결정적인 힘을 가진 생활 원리의 생생한 활동사진이라고 볼 수 있다.

이 내용을 잘 음미하여 평소의 생활 태도 및 처세의 귀감으로 삼는 자에게는 반드시 얻는 것이 있을 것이다.

데일 카네기

적극적인 마음가짐(PMA)

우리는 다양하고 급변하는 세계화 속에서 자기 자신을 잃지 않고 자신의 적성과 능력에 맞는 일을 즐겁게 할 수 있다면 행복하다고 할 것이다.

그러기 위해서는 '적극적인 마음가짐—PMA Positive Mental Attitude' 으로 자신에게 처한 문제를 해결해나갈 때 보다 앞선 성공으로의 지표를 향해 가는 인간이 될 수 있을 것이다.

이 책의 내용은 데일 카네기의 베스트셀러 중 인생을 살아가면서 가장 모범이 되고 만족감을 가지며 행복한 성공을 한 사례들만을 뽑아 엮은 것이다. 그리하여 당신이 설정한 목표를 완성하는 데 친절한 동반자로, 혹은 충실한 조언자로서의 역할을 해줄 것이다.

물론 사람마다 성향이 다르기에 이 책을 읽고 적극적인 마음가짐이 될 것인지 아니면 더 소극적으로 침체된다든지 기분은 매우 다를 것이다. 그러나 지금 당장 할 수 있다고 믿으며 실천하는 자만이 자신의 목표를 달성할 수 있고 행복한 성공자가 되어 웃을 수 있을 것이다.

제5장 건강을 유지시키는 방법

부록 어떻게 고민을 극복하는가

제1장
행복한 성공

곧 시작하라. 그리고 생각하라. 그래야 행복한 성공을 할 수 있다.

성공하기 위해서는 마음으로부터 보는 눈을 가져야 한다.
보이지 않는 힘으로 당신 자신과 타인에게 동기를 유발시켜야 한다.
자기 자신을 발견하고 자기 자신이 되어야 한다.
그리고 일에 흥미를 가져야 한다.

행복한 성공이란 무엇인가

세상 사람 모두가 당신이 성공했다고 해도 당신 스스로 성공했다고 생각하지 않으면 아무 소용이 없으며 무가치한 것이다. 성공이라는 것은 당신 자신이 내적으로 만족감을 가져야 하며 반드시 세상 사람들의 인정을 필요로 하지도 않는다.

그동안 사회적으로 명성을 떨치고 소위 성공했다고 하는 사람들의 발자취를 더듬어 볼 때, "그들은 모두가 특별난 사람이야." 하고 당신은 부러워할지도 모른다.

물론 그들은 모두 보통사람들의 일상적인 일과와는 다르게 매사를 계획하고 실천하며 하루의 일을 반성하는 특별난 사람들이다. 당신 또한 성공하기 위해 그에 따른 노력과 수고를 아끼지 않았다면 당신 역시 특별난 사람이고 뛰어난 사람이다.

일찍이 벤저민 프랭클린은 말했다.

"이 세상에 이름이 알려지지 않은 위대한 사람은 얼마든지 있다."

필자 역시 이 책 속에 밝힌, 이름이 알려지지 않은 위대한 사람들을 많이 알고 있다.

따라서 이 책에서는 이처럼 세상에 알려지지 않은, 비교적 평범한 일에 종사하고 있는 훌륭한 인물들의 실례를 들고자 한다.

그렇다면 도대체 행복한 성공이란 무엇인가?

"성공이란 것은 원하고 바라는 것을 이룩하는 것이다. 유명한 대학교수가 되는 것이 꿈인 사람도 있을 것이고, 혼동의 세상 질서를 바로잡고 권력을 휘두르는 정치 지도자가 되기를 바라는 사람도 있을 것이며, 백만장자처럼 많은 돈을 모아서 여생을 안락하게 보내기를 희망하는 사람도 있을 것이다. 또는 세계적으로 이름난 음악가나 예술인, 혹은 운동선수가 된다든가 아무튼 원하고 구하는 것을 얻게 되는 것, 자기 것으로 하는 것, 이것이 바로 행복한 성공이다."라고 단정할 수 있다.

두말할 것도 없이 당신이 소유하고 있는 재물, 곧 그동안 모아 놓은 돈의 액수만 가지고서는 당신의 성공을 저울질할 수는 없다. 백만장자에 비한다면 당신이 벌었다는 돈의 액수는 참으로 보잘 것 없는 것이지만 당신은 백만장자보다도 훨씬 더 성공한 사람일 수도 있기 때문이다.

만약에 돈을 모은다는 일념 하나로 오로지 돈만을 위한 목적으로 하고, 그 목적을 위하여 어떠한 희생과 수단 방법도 두려워하지 않는다면 당신은 금방 부자가 될 수도 있다.

　그러한 목적을 추구하여 인생의 한창 좋은 시절을 소비하고, 친구를 잃고 건강을 잃는 사람들도 세상에는 적지 않다. 돈만을 알고 그 외의 것은 아무것도 돌아보지 않는다는 것은 결국은 매우 불행한 사람이 되기 쉬운 것이지만, 돈을 위한 그 목적은 어쨌든 이루게 된다.

　당신이 행복한 성공을 원하거든, 최후의 목표를 선택하는 것이 중요하다.

　당신의 목표는 당신의 야심을 재는 척도이며, 또한 당신의 일이 얼마만큼 이 사회를 위하여, 인류를 위하여 보람 있는 것인가를 결정할 것이다.

　만일 훌륭한 일을 한다면 당신은 돈 이상으로 여러 가지 귀한 것도 얻을 수 있을 것이다.

　우리는 가치 있는 목적을 선택하고, 결과에 대하여는 마음을 쓰지 말고, 이것을 달성하는 데 필요한 대가를 치르도록 노력하여야 한다.

　매섭고 추운 겨울이 지나가고 나면 따뜻하고 안락한 봄이 오듯이, 노력한 결과는 스스로 보답을 받게 될 것이다.

　성공에 대해 일찍이 H. G 웰스는 말했다.

　"부와 명성, 지위와 권세 같은 것은 성공을 저울질할 수 있는 척도가 못 된다. 성공을 저울질할 수 있는 오직 하나의 척도는 우리들이 이미 해왔던 노력과, 그리고 목적한 바가 실현되기를 바라는 것이다."

그러므로 성공이라는 것은 자기만족뿐만이 아니라 자신과 가족, 이웃에 대한 사랑과 베풂, 그리고 남에게 알려지고 소문나기보다는 자신도 만족하며 그 만족감이 이웃과 사회의 표상이 될 때 그야말로 값진 것이라고 할 수 있다.

행복한 성공을 위한 **마음의 자세**

어떠한 경우라 하더라도 문제가 생겼다는 것은 좋은 일이다. 그 이유는 그런 어려운 문제에 부딪쳤을 경우 그 것을 이겨내고 또 그 문제 해결을 반복하는 동안에 성공의 길은 더욱 빨라지기 때문이다.

그것은 문제에 봉착하여 해결하기 위한 노력과 문제에서 벗어나기 위해 싸워 이길 때마다 지혜·경험·도덕적·판단 능력이 다 같이 성장하기 때문이다. 우리가 문제에 직면하여 적극적인 사고를 가지고 문제를 이길 때마다 보다 앞선 성공의 지표를 향해 나가는 인간이 되는 것이다.

돌이켜 생각해 보면 역사상의 어떤 인물의 인생에 있어서의 성공이란 그 사람에게 직면했던 문제 덕분이었다고 해도 과언이 아닐 것이다. 이 세상의 어느 누구에게나 문제가 있다는 것은, 살아가는 모든 것은 항상 변화 과정에 있기 때문이다. 변화는 움직일 수 없는 자연 법칙이기 때문에 중요한 것은 변화에 대한 성공과 실패의 여부는 우리의 마음가짐에 달려 있다.

우리는 우리의 생각을 지배하고, 감정을 조절하면서 우리의 태도를 결정할 수가 있을 것이다. 언제라도 우리에게 부딪치는 모든 어려운 문제들을, 적극적인 마음가짐을 가지고 대처할 수가 있다면 어떤 어려운 문제가 있더라도 현명하게 해결할 수 있을 것이다.

아울러 우리가 적극적인 마음가짐의 가장 중요한 요소, 즉 행운의 신이 우리와 가까이 있다고 믿으며 그 신은 항상 우리 곁에서 좋은 이미지를 갖고 있다면 우리는 직면해 있는 여러 문제들을 가장 유효 적절하게 대처할 수가 있을 것이다.

지금까지 우리에게 부닥친 제반 문제는 크게 두 가지로 나눌 수가 있다. 그 하나는 개인적인 문제 즉 경제, 감정, 도덕적·정신적·육체적과 같은 일반적인 것이요, 다른 하나는 사업상·직업상의 문제일 경우이다.

개인적인 문제는 우리 모두가 경험하는 문제이기 때문에, 여기에서는 인간이 경험할 수 있는 가장 힘든 문제에 직면하였던 이야기를 예로 들겠다.

따라서 최후의 승리에 도달했을 때까지, 여러 가지 어려운 문제를 해결하는 데 있어서 어떻게 적극적인 마음가짐을 가졌었는지를 살펴보기로 하자.

그의 어린 시절은 집안이 가난하여 매우 불우했다. 가까스로 초등학교에 들어가기는 했으나 그 시절에도 궁색한 집안을 돕기 위해서 사르트 항구 주변을 돌아다니며 신문을 팔기도 하고 구두를 닦으며 일거리를 쫓아 피곤한 생활의 연속이었다.

점차 나이가 든 후에는 알래스카 항로의 화물선 선실에서 일하는 노무자가 되기도 하였지만, 17세 되던 해 고등학교를 졸업하자 그는 과감히 가출했다. 그리고는 철도편을 이용하는 부랑자들에게 휩쓸려서 전국을 돌아다녔다.

그의 동료들은 한마디로 모두가 거친 성격 탓에 품위가 없었고, 도망자나 밀수업자, 도둑 등 이런 부류의 인간들이 그의 주위를 맴돌았다. 또 도박에 손을 댄 후부터 그의 생활은 더욱 더 비참해졌다.

찰리 워드가 술회한 것을 보면, '나는 잘못이라는 못된 동료와 손을 잡았습니다. 그로 인해서 내 인생은 말할 수 없는 지경에까지 이르렀습니다.'라고 말하고 있다.

어느 때는 도박으로 큰돈을 벌기도 했지만 곧 그것을 잃고 말았다. 드디어 그는 마약 밀수 행위로 체포되었다가 유죄 판결을 받았다. 그러나 찰리 워드는 그 사건에 대해서는 결백하다고 주장했었다.

그가 24세일 때 그는 첫 번째 리폰위드 교도소에 수감되었다. 그의 친구들과는 달리 그는 그 나이까지 한 번도 교도소 출입을 하지 않았지만 교도소에 들어간 그는 매우 비참한 기분에 휩싸이기 시작했다. 그러나 한편 생각하기에 어떠한 감옥이라도 그를 언제까지나 가두어 둘 만큼 견고하지는 못할 것이라고 믿고 탈옥의 기회만을 노리고 있었다.

그런 그가 자신을 PMA로 바꾸는 데 획기적인 일이 일어났다. 그동안 마음속에 품고 있었던 사회에 대한 저주와 불평불만을 일소하고 그 교도소 안에서 가장 모범적인 수형자가 되라고 지시했던 것이다. 그는 그 순간부터 자신이 처하고 있는 환경이 가장 좋은 상태라고 생각하기에 이른 것이다.

따라서 그 이후부터는 그에게 오늘날의 이런 비참한 환경을 가져오게 된 이유를 용서하고자 하는 마음을 가지게 되었다. 그리하여 지금까지 자신을 잡아들인 경찰과 현실 등 이 세상을 증오하던 감정을 버리게 되었다.

그는 지금까지의 찰리 워드가 어떤 인품의 소유자였다는 것을 생각하고, 자신의 장래에 대해서 비관적인 생각을 갖지 않도록 노력했으며 어떻게 하면 교도소에서의 생활을 유쾌하고 명랑한 시간으로 만드느냐에 고심했다.

그가 한 일은 제일 먼저 자신에게 질문을 던져 본 일이었다. 그리고 성인이 된 후 처음으로 그 해답을 얻을 수 있었다.

그때부터 그는 감방 안에서 성경을 읽기 시작했다. 그리고 그는 죽을 때까지 매일 영감과 신의 인도와 도움의 길을 찾기 위해 계속해서 성경을 읽었던 것이다.

그가 이렇게 태도를 바꾸자 행동도 바뀌었으며 그의 행동은 간수의 눈에 들고 호감도 사게 되었다. 그런데 어느 날 한 간수가, 전기공장에서 일하고 있는 모범수가 3개월 이내에 출감한다는 소식을 그에게 알려주었다. 그러나 그때까지만 해도 찰리 워드는 전기에 관해서는 전혀 아는 바가 없었다. 그리하여 교도소 도서관에 있는 전기에 관한 책을 모조리 읽기 시작했다.

그로부터 3개월 후에는 찰리 자신의 준비는 완료되어 있었으므로 그 일을 지원하기에까지 이른 것이다. 그의 평상시 행동이나 진지한 어조는 교도소장에게 호감을 주었으므로 그는 드디어 그 일을 맡을 수가 있었다.

그 이후로 그는 적극적인 마음가짐을 갖고 일에 임함으로써 열다섯 명의 직원을 거느리는 교도소 내 전기 공장의 감독관이 되었다.

그러자 우련히 어떤 기회에 친구이자 동료를 얻을 기회가 생겼다. 미네소타주의 세인트폴에 있는 브라운 앤드 비디로사의 사장 하버드 휴즈 비디로가 탈세혐의로 찰리가 있는 교도소로 수감되어 왔을 때, 그는 비디로가 처해진 환경에 적응할 수 있도록 여러 가지 도움을 주었다.

비디로는 이런 찰리의 우정과 협조를 고맙게 생각하고 출소하면서 이렇게 전했다.

"지금까지의 당신 우정에 대해 깊이 감사하고 있소. 당신이 출소하거든 꼭 세인트폴로 오시오. 성의껏 당신을 맞이하겠소."

이렇게 헤어진 그들은 찰리가 5년의 형기를 마치고 출소했을 때 세인트폴에서 만났다. 그리고 비디로는 약속한 대로 찰리를 주급 25달러의 노무자로 일하게 해주었다.

여기서도 찰리에게 큰 도움을 준 것은 적극적 사고를 가진 일이었다. 따라서 적극적인 마음가짐으로 일하여 일 년 육 개월 후에는 노무반장이 되었고, 다시 일 년 후에는 감독자가 되었다. 그리고 마침내는 부사장 겸 총지배인의 지위에까지 오를 수가 있었다.

비디로가 사망하자 찰리 워드는 브라운 앤드 미디로사의 사장이 되어, 1959년 여름 그가 죽을 때까지 사장직에 머물러 있었다. 그리고 그가 그 직에 있기 전에는 삼백만 달러의 매상도 못 되던 것이 연간 오천만 달러로 상승하였다. 그리하여 비디로사는 같은 업종 가운데서 손꼽히는 회사로 성장했던 것이다.

적극적인 사고와 어려운 처지에 처해 있는 사람을 돕겠다는 찰리의 마음가짐은 마음의 안식과 더불어 인생에 있어서 어느 누구보다 가장 보람된 일을 할 수 있었던 것이다. 그 당시 미국 대통령이었던 루스벨트는 그의 모범적인 생활을 인정하고 그의 시민권을 복권해 주기도 했다.

그러나 그가 행했던 어느 것보다도 칭찬할 만한 일은 교도소에서 출소한 오십 명 이상이나 되는 남녀를 고용하고 엄격한 지도 아래서 보다 이해 있는 지도와 격려 아래 사회 복귀를 위해 노력하였다는 사실이다. 그러면서도 자기가 수형자였다는 것을 결코 잊지 않았다. 그리하여 다른 사람들은 그의 팔뚝에 새겨진 옛날 교도소에서의 수형번호를 쉽게 볼 수 있었다.

찰리 워드의 인생에 있어서 교도소에서의 생활은 그에게 큰 변화를 주었다. 만일 그가 예전의 그 환경에서 벗어나지 못하였다면 그의 인생은 어떠했었을까. 그러나 그는 인간의 가장 비참한 환경을 극복하고 자신을 바꾸는 데 도전했다. 그리고 거기서 적극적인 마음가짐을 배움으로써 개인적인 어떤 난관도 헤쳐 나갈 수 있다고 생각했던 것이다. 그런 까닭으로 그는 제2의 밝고 희망찬 세상을 이룰 수가 있었고, 보다 훌륭하고 크나큰 인물이 될 수 있었던 것이다.

물론 세상의 모든 사람들이 찰리 워드의 경우와 같지는 않겠지만 소극적인 마음가짐에서 적극적인 마음가짐으로 바꾼 행위 이외에도 우리가 배울 점이 많다.

"나는 잘못이라는 못된 동료와 손잡은 것입니다."

여기서 보더라도 좋지 않은 일은 전염성이 빠르기 때문에 우리가 인간과의 관계에 있어서 가장 유의할 일이다. 나쁜 일이라고 느끼면서도 걷잡을 수 없는 일에 휘말리기 때문이다.

그러나 우리에게 직면하는 문제가 모두가 어려운 것만은 아니다. 때로는 사고방식의 전환만으로도 해결이 가능한 것도 있다. 성공하기 위해서는 실천을 동반한 오직 하나의 아이디어만으로도 만족할 수가 있다.

따라서 '문제가 생긴 것은 좋은 일이다.'라고 생각하고 역경에 대처해야 한다.

▶ **어려운 문제에 직면했을 때 그것을 이겨내는 법칙**
⇒ 모든 역경은 이에 대처하는, 보다 커다란 이익의 가능성을 갖고 있다는 것을 기억해야 한다.

일에 재미를 붙여야 한다

눈보라가 치는 12월 어느 날, 내셔널 매거진지의 원고 청탁을 받고 산기슭의 비탈길을 차로 달리고 있었다. 그곳에 은둔자와 같이 생활하고 있다는 렉스 브라샤를 방문하기 위해서였다. 그는 한때 명성을 날렸던 유명한 대조류학자였다.

잡지사의 편집장은 나에게, '어쩌면 별로 기상천외한 흥밋거리는 없을지 몰라도 혹시 특이한 소재가 있다면 잡지에 실어드리겠습니다.'라는 귀띔을 했던 터였다.

나는 이 깊은 산중에 어떠한 조류학자가 살고 있을까 하고, 호기심 반, 의심 반이 뒤섞인 마음으로 맹렬한 눈보라를 헤치고 자동차의 액셀러레이터를 밟았다.

막상 마주친 그 조류학자는 오십 대 중반으로 훤칠한 키에 햇볕에 얼굴이 검게 그을린 모습으로 점잖은 태도며 예의를 갖춘 사람이었다. 내가 찾아온 뜻을 정중히 밝히자 그는 안채에서 걸어 나와 묵묵히 자신의 연구실로 나를 안내해 주었다.

그곳은 두꺼운 콘크리트 벽으로 둥근 돔처럼 만들어진 건물인데 그동안 그가 정성스럽게 제작한 조류의 그림을 화재에서 방지하기 위해서 그와 같이 설비했다는 것이었다.

나는 그날 한나절 동안을 벽난로도 없는 차가운 콘크리트 벽 연구실 안에서, 끝도 없이 내보이는 작은 새들의 수채화 그림을 정신없이 바라보았다.

그림도 제각각이어서 신문지 절반 크기인 것에서부터 대여섯 배나 되는 크기의 도배용지에 그린 그림이 무려 천여 장이나 되었으며 거기에는 가지각색의 여러 조류들이 각각의 형태로 그려져 있었다. 즉 큰 것, 작은 것, 수놈과 암놈, 그리고 날개를 펴고 창공을 비상하는 모양에서 알을 품고 있는 모양 등등 가지각색의 생태가 그려져 있었는데, 모두가 새들의 자연의 모습 그대로를 묘사한 것으로 작은 깃털 하나에서 눈알의 움직임까지도 생생하게 그려져 있었다.

나는 마치 무엇에 홀린 듯한 심정으로 그 그림들을 보았다. 그 아름다운 날개의 털이며 지금 막 날개를 퍼덕이며 날아가듯, 또는 지저귀는 소리가 생생히 들릴 듯한 그림은 손으로 만져보고 싶은 충동조차 느끼게 했다.

나는 브라샤를 방문하기 전, 조류학자의 저서를 흥미 있게 읽은 바 있으며 조류 보호청 관리인 허버트 조브를 만나서 자세한 이야기를 들었다. 조브는 조류의 생태 사진 촬영에 그 일생을 바치고 있는 사람인데, 브라샤의 그림에 대해서 '세계에서 제일 아름다운, 자연의 새보다 더 아름다운 그림'이라고 칭찬하였었던 것을 새삼 느끼게 되었다.

나는 브라샤에게 어떻게 그러한 그림이 어떻게 그려지게 되었는지 물어 보기로 하였다.

생애 목적을 향하여

브라샤가 일곱 살 되던 해, 월가의 금융계에서 물러나온 그의 아버지는 취미로 시작한 조류 연구에 심취하게 되었고 노후에는 교외로 나가 새들을 박제하고 있었다. 그는 가끔 어린 브라샤에게 횃대 위에 얹어 놓은 박제된 새들의 이야기를 들려주곤 하였다.

그리고 아들에게 새에 대한 취미를 기르려고 하였지만 브라샤는 새보다는 장난치며 노는 것을 좋아할 뿐 새에 대해서는 도통 관심을 두지 않아 아버지를 실망시켰다. 그러나 아버지가 세상을 떠나기 조금 전부터는 그도 차츰 새에 대하여 흥미를 갖게 되어 아버지를 기쁘게 하였다. 그가 열 살 때 아버지는 세상을 떠났다.

그때 브라샤는 처음으로 돌아가신 아버지가 엘 대학에 기증한 여러 가지의 아름다운 박제의 새들과 같은 새들을 자기 손으로도 한번 모아 보리라 생각하였다.

그로부터 브라샤는 돌아가신 아버지의 서재에 틀어박혀 박제의 기술을 배우고, 새들과 새의 알을 부화시켜 기르기 시작하였다. 그가 성장하면서 이렇게 하여 모은 박제 표본의 수는 무려 150여 종이나 되었고 한 방을 독차지하게 되었다. 그때 그의 나이 17세였다.

그러나 아버지의 유산을 정리한 결과, 예상보다도 유산은 얼마 되지 않았고 브라샤와 그의 어머니는 생활비를 걱정하지 않을 수 없었다.

그리하여 그는 어떤 큰 장식품상에서 동판을 조각하는 일꾼으로 취업하였다.

그는 천성으로 그림을 잘 그렸고 틈만 나면 나무나 새, 꽃들을 그리고 휴일이면 어김없이 이젤을 들고 들판에 나가 스케치를 하였다.

그로부터 브라샤는 자신도 모르게 작은 참새들에 대해 알고 싶다는 욕망을 가지게 되었다. 그리하여 현재 살고 있는 동부 해안 지방에서 볼 수 없는 참새의 모양은 사진을 구해 살펴보았고, 오주본이나 그 밖에 당시까지의 모든 조류학자들이 제작한 사진이나 그림의 복제를 모으기 시작했다.

그러던 중 현재 대륙에 존재하는 모든 조류들의 생활과 그 모습들을 생생하게 그려내자는 생각을 하게 되었다. 그러나 이 어처구니없을 정도의 야심을 어떻게 실현해야 좋을지는 막막하기만 하였다.

'어쩌면 이 일은 내 평생의 일이 될지도 모른다.'

그는 생각했다. 그러나 이는 불가능하다는 결론을 내릴 수밖에 없었다. 게다가 경제적인 문제를 해결하지 않으면 안 되었다. 더구나 한 사람의 힘으로는 이루어지지도 않을 것 않았다.

그래도 그는 한번 결심한 이 생각을 단념할 수가 없었다. 나무나 숲을 볼 때마다 그곳에 지저귀는 참새들이 무능한 자신을 조롱하는 것만 같았다.

"무엇이 불가능한데? 자신의 일생에 못 할 것 같으면 두세 명의 일생을 자기 자신 속에 끌어들이면 되지 않아?"

그는 자신의 생애에 대목표에 필요한 비용을 계산하여 보았다.

현재 받고 있는 급료를 기준으로 매일 15시간씩 일한다고 치면, 20년가량 걸리며 그 목적에 도달할 수가 있으리라는 생각이 들자, 그는 드디어 실행에 옮기기로 굳게 다짐하였다.

인내와 끈기, 좌절을 맛보며

브라샤는 당시 장식품상에서 동판을 조각하고 있었는데, 수입을 더욱 늘리기 위하여 일을 바꾸어 당분간 사진을 조각하게 되었고, 다시 그 후에는 경마 책을 내는 어느 출판사의 표지 제작자가 되어서 전력을 다해 일하고 돈을 모아 그 돈이 수천 달러에 이르렀다. 그러자 그는 미련 없이 곧 그 일을 집어치우고 메인주로 가서, 낡은 범선 한 척을 사들이고 그 이름을 할로프라고 지었다. 그런 후 뱃사공 한 사람을 고용하여, 그 사람에게 안내와 주방장 역할을 겸하게 하고 함께 생활하기로 하였다. 나머지 돈으로는 식량과 마실 것을 사서 배에 저장하고, 뱃머리를 남쪽으로 하여 출범하였다.

그때가 1859년 8월의 일이었다.

동부 해안가를 남하하여 철따라 몰려드는 새들이 보이는 강 어구에 들어가서, 새들의 모습을 스케치하고, 특히 색다른 새만을 하루에 50장이나 그린 날도 있었다. 이렇게 자연 그대로의 새 모습을 연구하고 스케치하는 일은 대단히 많은 인내심을 요구하였다.

늪지대에 들어서면 새들에게 들키지 않도록 소리 없이 보트를 저어 가기도 하고 온몸을 감추어 기다리지 않으면 안 될 때도 있었다. 혹은 산속 깊이 들어가서, 숲속에 몸을 숨기고 스케치를 할 수 있는 거리까지 새가 가까이 오는 것을 기다리며 날이 저물 때까지 기다리지 않으면 안 되었다.

그럼에도 아주 세심한 주의가 없으면 스케치하는 연필 소리에도 놀라서 가까이 왔던 새가 날아가 버리는 것이었다.

이러한 끈기와 인내를 시작한 탐구의 항해는 2년이나 계속되었다.

이후 4년간을 블록클린의 집안에 들어앉아서, 스케치한 것을 수채화로 400장의 새 그림을 그려냈다. 그리고 4년이 되던 어느 날, 마지막에 그린 것과 처음 시작할 때 그린 것과 비교하여 보고, 그는 최초로 갖는 기쁨과 실망을 동시에 맛보았다.

가장 최근에 그린 것들이 처음에 그린 것들보다 훨씬 더 생생하여 진짜같이 보였던 것이다. 그리하여 그는 지금까지 그린 것 자체가 완성품으로 남길 만한 가치가 없다고 판단하여 이제까지 그린 그림 모두를 불살라 버렸다. 그리고 다시 붓을 가다듬어 이번에는 만족한 때까지 작품이 나오리라는 자신 아래, 한 장 한 장 다시 그려 나갔다.

살아 움직이는 것을 그대로 옮기듯 정성을 다하여서 5년이란 세월이 흘러 1905년에는 일단 그 모두를 재현할 수 있었는데, 또다시 이번에도 지난번과 같은 실망과 기쁨을 맛보지 않으면 안 되었다.

5년 전에 볼 때에는 살아서 움직일 것 같이 보이던 그림이, 5년 후에 다시 들여다보니, 결코 아니었던 것이다.

이번에도 그는 또다시 5년 동안의 피땀 어린 작품 중에서 겨우 10장만을 남기고 나머지는 미련 없이 전부 불살라 버렸다.

상황에 따라 목표를 정해야 한다

브라샤는 다시 생각하지 않을 수 없었다. 처음 생각하기에는 한 20년 정도면 해낼 수 있다고 믿었던 것이 준비하는 데만도 16년이라는 기간을 허송세월했던 것이다.

그러나 그는 결코 슬퍼하거나 비관하지 않았다. 비록 16년이라는 세월이 흘러가긴 했지만 거기에 연연하여 미련을 두지 않았다.

그리하여 이번에는 켄트 근방에 있는 보그홀에 아무렇게나 내버려 둔 황폐한 목장이 있다는 소문을 듣고 그곳으로 찾아가 보았다.

인적이 드문 그곳에는 숲이 무성하고 우거진 나무들이 햇빛을 가리고 있는 임야와 목초지, 그리고 늪지대가 있어서 각종 수많은 새들이 철따라 번식하고 있었다.

그는 이 황량한 자연 속에 내버려져 있던 움막을 수리하고 그곳에 기거하면서 새들을 그리기로 하였다. 이번에는 완전한 새를 그리겠다는 자신감으로 재출발하기로 했다.

그동안 비축해 두었던 돈은 이미 다 떨어졌다. 따라서 그는 멀리 떨어진 읍내로 나가 청소를 하며 일당을 벌기도 하였고, 때로는 농부들의 일을 거들기도 하며 목공 일은 물론 닥치는 대로 일을 하여 식량과 그림을 그리는 데 필요한 비용을 벌어들이지 않으면 안 되었다.

새벽별을 보며 일터로 나가 밤이 깊어서야 자리에 누웠지만 하루도 거르지 않고 화필을 손에서 떼지 않았다.

그렇게 다시 10년이라는 세월이 흘러갔다.

여름철의 긴긴 낮 동안에는 오랜 시간을 그릴 수 있었지만 추운 겨울철에는 해가 짧아 생각처럼 많이 그리지를 못하였다. 그럼에도 기온이 영하로 내려가는 추운 날씨에는 모포를 뒤집어쓰고서라도 그림을 그렸다.

수채화라는 것은 숨 돌릴 참도 없이 재빨리 붓을 움직이지 않으면 안 되었다. 잠시라도 한눈을 팔다가 색깔이 번지면 얼룩이 가는 수가 있었다.

그렇기 때문에 땔감은 많다고 불을 피우고 있다가는 거기에 자주 눈이 가야 하고, 나무를 지피려면 붓을 든 손을 멈춰야 하니, 차라리 모포를 뒤집어쓰고 일을 하는 편이 한결 나았다. 손이 곱아서 더 이상 작업을 할 수 없게 되면 비로소 나무를 지피어 불을 피우고 언 손을 녹였다.

차차 일이 진행됨에 따라서 목표 또한 더욱 뚜렷해졌다.

'북미의 새'라는 최초의 제목에서 '북아메리카의 새와 숲'이라고 정정하였고 각양각색의 관목들이 새들의 그림과 마찬가지로 아름답고 정확하게 묘사되어 갔다.

브라샤가 실제로 이 일에 착수한 지, 34년 9개월 3주일째 되는 10월, 어느 맑게 갠 날 오후에 그 일은 끝내 매듭을 지을 수 있었다.

그러나 이 위대한 브라샤의 화집을 출판해 줄 출판업자를 찾기가
힘들었다.

세상에 자신을 알려야 한다

브라샤는 35년에 걸쳐 완성하였지만, 그 화집을 출판해 줄 출판업
자를 구하지 못했다. 그의 작품을 보러 오는 사람은 몇몇 있었지만,
이 그림이 후세에 남겨질 역작이라는 것을 충분히 인정하더라도 원
색으로 된 원고를 출판하려면 그 당시 적어도 50만 달러라는 거액을
투자하지 않으면 안 되었기 때문에 이를 선뜻 출판해줄 업자가 없었
던 것이다.

그리하여 40년 가까운 세월을 소비하고, 있는 정력을 다 바쳐서
완성한 화보였지만 조류 애호가들의 손에까지는 미칠 수 없을 것 같
았다.

그때 마침 보스턴에서 열린 미국 조류협회 대회에 어떤 조류학
자가 새를 좋아하는 여느 한 사람의 변호사를 동반하여 나오게 되
었다. 그리고 그 조류학자와 변호사는 대회장에 전시된 브라샤의 여
러 작품들을 보게 되었다. 철새를 비롯하여 검은머리 종달새·묏새·
뇌조 등…….

그러던 중 겨울철의 뇌조 앞에서 걸음을 멈추었다.

조류학자는 그 뇌조의 그림을 열심히 들여다보고 있다가 변호사
를 돌아보며 물었다.

"자네는 이 그림을 믿을 수 있겠나?"

"무슨 속임수가 있는 것 같지 않아? 확대경으로 한번 조사해 봐야 겠네."

조류학자는 어디서인지 확대경을 빌려와서 뇌조의 그림을 머리털 꼭대기부터 꼬리 끝까지 면밀하게 들여다보더니 확대경을 놓고서 그만 떨리는 목소리로 말하였다.

"틀림없는 그림일세. 이렇게 사실과 똑같이 그려냈으리라고는 도 저히 생각할 수 없었네."

"아니, 무엇을 알아보려고 그랬나?"

"나는 이 브라샤라는 화가가 어떤 방법을 써서 새의 깃털을 종이 에 붙였는지 궁금했다네."

그런 일이 있은 지 얼마 후, 변호사는 이 이야기를 '내셔널 매거진' 에 기고하였다.

그리하여 그 잡지사의 편집장은 나에게 브라샤를 방문하여 달라 고 부탁하였던 것이다.

나의 브라샤 방문기도 다음 해 2월에 '내셔널 매거진'에 발표되 었다.

그 후 수개월이 지난 어느 날 가을, 나는 보그홀에 들러보았다.

그러자 도로 표지판에 '치카데이 베레의 길'이라는 이름이 쓰여 있 는 것을 보았다.

브라샤에게서 얘기를 들어보니 내 방문기가 잡지에 실리자, 급기 야 호기심을 가진 사람들과 새를 좋아하는 사람들, 그리고 조류학자 들의 자동차 행렬이 끊이지 않는다고 한다. 그중에는 상원의원이나 주지사의 차도 섞여 있었다고 한다.

　그리고 매일같이 방문객이 끊이지 않자 드디어 그곳 지방 관청이 도로를 넓히고 모래와 자갈을 깔아 목장도 손질하여 '치카데이 목장'이라 이름 짓고 이 이름을 따서 도로 표지판을 세우게 되었다는 것이다.

생애를 바친 열정

　얼마 후 나는 뉴욕의 어느 출판업자를 만나게 되었다.

　그 출판업자는 브라샤의 그림을 보고 난 뒤 대충 계산해도 그 그림을 올 컬러로 출판하려면 60만 달러의 비용이 든다고 말하였다. 그리고 그 출판업자도 지난번 사람들과 마찬가지로 그 불후의 명작을 포기하고 말았다.

　그리고 다시 해는 흘렀다.

　나는 오랫동안 '치카데이 베레'를 찾아볼 기회가 없었다. 그런데 여행 도중 '켄트펄 공원'에 우연히 들려본즉, 그곳에 큰 석조 건물을 건축하고 있음을 보았다.

　그것은 '브라샤의 미술관', 즉 브라샤의 새들과 숲속의 그림을 진열하기 위하여 특별히 만들어지고 있는 전시관이라는 것이었다.

　나는 정말 잘되었다고 기뻐하여, 그 길로 곧 '치카데이 베레'로 달려갔다.

　산 중턱에 위치해 있던 예전의 낡아빠진 움막집은 개보수가 되어 아부 멋진 집이 되어 있었고, 내부에는 회화구와 그 밖의 재료와 도구들로 가득 차 있었다.

브라샤는 내 얼굴을 보자 곧 밝은 웃음빛을 띠며 얼마 전에 출판 업자를 구하였다고 말하는 것이었다.

그리고 나를 자신의 방으로 안내하여 12권으로 된 도보圖報를 보여 주었다. 각 권이 모두 세로가 13인치, 가로가 18인치, 두께가 2인치 이상이나 되며, 날씬한 가죽으로 양장본을 하여 영구히 보존할 수 있도록 장정을 꾸민 고급 호화판 도록圖錄이었다.

각 권마다 100여 장씩의 그림을 넣어서, 처음 내 눈을 놀라게 한 그 아름다웠던 새의 자태가 선명하게 살아 움직이듯 인쇄되어 있 었다.

그 한 책의 표지 안쪽에는 '아메리칸 도서관협회'의 비평문까지 오 려서 붙여져 있었는데, 그곳에는 이런 말이 쓰여 있었다.

"본서는 오주본의 '아메리카의 조류' 이래로 가장 가치 높은 불멸 ·불후의 명저이다. 양자의 크나큰 공적은 여러 점에서 비슷한 것이 있다. 그 생애를 바친 일에의 열정뿐만 아니라, 선의 무궁한 변화와, 색채의 조화, 그리고 구상의 세련미 등은 예술적 가치를 넘은 작품 으로 보아 비할 바 없는 걸작이다. 현재의 것은 부유한 독지가에 의 하여 큰 도서관에나 기증할 수 있는 것이지만 보급판이 출판되어서 일반 도서관에도 비치할 수 있는 날이 올 것을 절실히 기대하는 바 이며 또한 그것을 믿는다."

그리고 책의 뒷장에는 다음과 같은 글이 또 적혀 있었다.

1930년 코네티컷주 켄트 근교 '치카데이 베레'에서 제작함.

나는 출판업자가 누구냐고 물었다. 그러자 그는 '렉스 브라샤!'라고 하여 나는 다시금 놀랐다. 사정은 이랬다.

나의 방문기가 잡지에 소개되어 커다란 반향을 일으키자, 브라샤는 어떠한 수단을 써서라도 이를 출판하여 세상에 내놓는다면 반드시 베스트셀러가 될 것이라고 판단하였다. 그리하여 독자 모집 예약 신청의 방식으로 브라샤 자신의 손으로 직접 출판하기로 한 것이었다.

출판업자가 제작비로 50만 달러 이상이나 든다고 손을 뗀 대사업에 저작자 스스로 출판하기로 결심을 굳혔던 것이다.

처음에는 친구 10명이 1,000달러씩 내주어 합계 10,000달러의 자금으로, 우선 4장의 원색판 견본을 첨부한 '독자 모집 예약 동의서'를 만들고 이것을 조류에 흥미를 가지고 값비싼 값을 치를 수 있는 능력의 소유자 300명을 골라서 발송하였다.

그 300명 중에 95명의 독자가 책 한 권이 나오는 대로 100달러씩을 지불하겠다고 예약하였다.

브라샤는 거기에 용기백배하여 곧 일에 착수하게 되었다.

100여 년 전 존 제임스 오주본이 당시 아메리카에 있는 489종의 새들을 수채화로 그려서 방대한 도보圖報로 출판하였을 때에는 원화를 동판으로 하여 거기에 손으로 일일이 채색을 하였다.

브라샤의 경우에는 더욱 발달된 인쇄술의 덕택으로 870장의 그림과 201종의 원화를 정교한 흑백 그라비어인쇄로 하고, 여기에 브라샤 자신이 붓을 들어 채색을 하였다. 대단한 정력과 시간이 소요되는 작업이었다.

그런데 1929년의 대공황 사태로 말미암아 95명의 예약자 중 60여 명이나 약속을 이행하지 못하게 되었다.

이에 브라샤의 마음은 뒤집히는 듯하였다. 그러나 그는 여기에 굴하지 않고 계속하여 일을 진행하는 동안에 뜻하지 않게 역경이 호전되어 서광이 비치게 되었다.

구원의 손길은 가까운 데 있다

브라샤는 경제 공황을 거치는 동안 출판 비용을 다시 계산해 보았더니, 예약 판매하기로 한 책값 100달러로는 생산 원가에도 못 미치는 가격이었다.

도보圖報의 생산원가는 자그마치 154달러가 든다는 사실을 새삼 깨닫게 되었고 예약 취소가 많은 것이 오히려 다행한 일이었다.

그리하여 그는 예약자 모두에게 이러한 불경기의 영향과 기타의 이유로 예약을 취소할 사람은 언제든지 부담 없이 취소해도 좋다는 내용을 보냈다.

그리고 지금까지 한 권에 100달러의 가격을 250달러로 인상하고 12권을 한꺼번에 주문하는 사람에게는 2,500달러로 해주기로 하고 다시 예약자를 모집하였다.

응모자는 적었지만 그래도 조금씩은 접수되기 시작하더니 예약금이 무려 60,000달러로 늘어갔다. 그리고 이틀이나 사흘씩 간격으로 새를 좋아하는 사람들이나 사업가들의 예약 주문이 들어와서 이제 브라샤의 사업은 어음으로도 할 수 있게 되었다.

　　그런데 그만 계산 착오로 은행의 계정이 부족하여 여하한 일이 있어도 당장 2,500달러를 입금시켜야 할 급한 사정이 생겼다.

　　브라샤는 이 고비를 넘길 궁리를 골몰하다가 번뜩 어떤 생각이 머리에 떠올라 예약자 명부를 들추었다. 그의 눈에 뜬 것은, 보잉과 케록이라는 두 사람의 이름이었다.

　　보잉은 비행기회사의 사장이며 케록은 유명한 곡물상이었다.

　　브라샤는 급히 두 사람에게 전보를 쳤고 곧 두 사람의 회답이 왔다.

　　브라샤는 위기를 면했고 그러한 일이 있은 지 며칠 후 점잖은 신사 한 사람이 그를 찾아왔다.

　　약 20리쯤 떨어져 있는 곳에 살고 있는 시인 크링턴이었고, 그는 미소를 띠며 말하였다.

　　"나는 예약자의 한 사람입니다. 뉴욕에 살고 있는 내 친구인 에반스라는 의사에게 당신 이야기를 하였더니 그도 예약을 하겠다고 하는데, 받아 주시겠습니까? 받아 주신다면 선금으로 여기 1,200달러의 수표를 준비해 왔습니다."

　　이리하여 브라샤의 두 번째 예약 모집은 성공을 거두었고, 1928년 가을, 제1회 예약 사업에 착수한 지 3년 7개월에 거쳐 1932년에 비로소 그 전부를 완성하였다.

오늘날에 있어서 그 책의 시가는 12권 한 질에 4~5천 달러가 넘고 새를 좋아하는 사람들이 그 그림이 가득 실린 책—그 당시 도판圖版은 100권이 있을 뿐이었다—을 손에 놓으려면 4~5천 달러란 큰 액수를 치러야만 했다.

자신이 하고 싶은 일

나는 어느 날 밤, 브라샤의 집에서 난로를 사이에 두고 이야기를 하던 중 브라샤에게 물어 보았다.

"당신은 인생의 대가를 어떻게 생각하는가?"

그는 파이프에 엽초를 눌러 담고서 천천히 한 모금 빨고 난 뒤 조용한 어조로 다음과 같이 말하였다.

당신은 내가 스스로 어려운 일을 골라잡은 것같이 생각할 테지만 그것은 정반대다. 나는 이 일을 택한 것이 아니다. 인생을 살면서 여러 가지 수많은 일이 있거니와 그러한 일들은 누구인가를 붙잡고 그 사람을 밀었다 당겼다 하면서 그 사람으로 하여금 일이 완성되도록 하는 것이다. 사람이 일을 택하는 것이 아니라 일이 사람을 잡는 것이다. 나는 지금의 이 일이 나를 붙잡은 것으로 믿고 있다.

복잡한 현실을 살아가는 사람 누구든지 이러한 경험에 마주치면 그 일과 더불어 인생을 걸고 나가지 않으면 마음의 평화도 만족도 얻지 못한다는 것을 필연코 깨닫게 되었다. 나의 체험에서 무엇인가 다른 사람들에게 도움이 될 만한 결론을 끄집어내기를 원한다면 나는 이렇게 말하고 싶다.

그대가 절실히 하고 싶은 욕망을 느끼는 일, 그 일을 해 보아야 한다. 바로 그것을 추구하는 것이 좋다. 그대가 하고 싶은 일이거니와 그 일을 진행함에 있어 곤란과 역경이 닥치고, 자기 자신 역량의 부족을 두려워하는 마음으로 그 일을 포기한다면 그대의 인생의 가장 좋은 부분을 잘라 버리는 것과 마찬가지이다.

인생에 있어서 진실로 실패자라는 것은 자기가 하고 싶었던 일을 하지 않는 사람이다.

자기가 하고 싶은 일을 향하여 전력을 기울일 때 비로소 마음의 평화도, 정신의 만족도 얻어지는 것이다. 그래야만 그대의 머리는 더욱 민첩해지며 가장 큰 행복이 얻어진다.

만약 그대가 추구하고 붙잡은 일이 중요한 일이라면 그대의 힘에 벅찬 것으로 생각할 수도 있으며, 또한 일의 앞날에 대해서도 신념을 가지지 못하여 불안감도 느낄 것이다.

그러나 그 때문에 주저해서는 안 된다. 무엇보다도 미리 앞서 낙담은 금물이다.

물론 약간의 두려움은 가질 것이지만 단념해 버리면 안 된다.

자신이 먼저 할 수 있는 일부터 시작하여 일을 계속함에 따라서 나머지 곤란한 부분도 해 낼 수 있는 힘을 키우도록 해야 할 것이다.

이렇게 온몸을 내던져 부딪쳐 나가는 데에는 당연히 용기와 담력이 있어야 한다.

얼마 동안은 마음이 내키지 않는 불안한 마음도 있을 것이다. 그러나 일이 진전됨에 따라 마음은 가라앉게 마련이다.

일단 그대의 불요불굴의 정신이 나타나고 그대의 열성과 노력이 인정되면 그에 따라 그대에게 구원의 손길은 내밀어지는 것이다.

예기치 않았던 곳에서 도우려는 손길이 찾아드는 것이다.

그대의 생각에 사소한 곤란을 당할 때면 사소한 구원의 손길이 여러 곳에서 모여들고, 또한 큰 곤궁에는 큰 구원의 손길도 나타나는 것이다.

이렇게 자신의 마음속에서 위안을 찾고자 한다면 그대의 인생은 이미 두려움이 없는 것이다.

희망을 크게 하고 **이상을 높게** 들어야 한다

바인더 박사는 뉴욕대학의 생화학자였다. 그의 연구 발표에 의하면, 150파운드의 몸무게가 나가는 사람을 물질로 계산했을 때 그 값은 겨우 1달러도 못 미치는 98센트밖에 안 된다고 했다. 이것은 그 당시의 값으로 따지자면 살이 약간 찐 돼지 값보다도 훨씬 못 미치게 싼 셈이 된다. 그 물질을 분석해 보면 다음과 같다.

새장 하나 청소할 정도의 석회분石灰分.

장난감 대포를 한 방 쏠 수 있을 정도의 칼륨.

약 한 봉지 분량의 산화마그네슘.

성냥개비 2천 개 정도의 인燐.

못 한 개 정도의 철鐵.

세숫비누 5장 정도의 지방脂肪.

그저 이러한 정도로, 어디에 가도 구십팔 센트만 주면 모두 다 살 수 있다는 것이다. 이것이 우리들 사람이 물질로써 값을 매겨 매매

될 수 있는 가격이다.

그러나 우리들이 인생에서 얻고자 하는 것은, 우리들 자신이 치를 수 있는 대가가 결코 이것에 그치지 않는다는 것이다.

긍정적 사고를 지녀야 한다

우리가 인생에서 얻고자 하는 부와 명예 그리고 성공, 친구와 사랑, 건강과 행복 등 여러 가지 귀중한 것을 얻기 위하여 치르는 대가로 육체나 물질적 가치 등의 어떠한 것을 바쳐야만 된다는 말은 아니며 그것은 단적으로 말할 수 없는 여러 요소를 들 수 있을 것이다.

그러나 그중에서도 가장 으뜸으로 치는 것, 바로 이것 없이는 다른 어떠한 것이라도 아무 소용이 없게 되는 것이 하나 있다. 곧 성공을 바라는 사람이라면 무엇보다도 먼저 알아야 할 것이 있다.

어느 날 우연한 기회로 알게 된 청년이 있었다. 그는 여러 가지 점에서 매우 뛰어난 재주가 많은데도 불구하고, 항상 출세할 좋은 기회가 없다고 한탄만 하고 있었다.

그리하여 나는 그를 직업 알선업체에 있는 친구에게 소개하여 주었더니 그 친구로부터 반 년쯤 지나서 다음과 같은 편지가 왔다.

"부탁한 대로 그 청년을 서너 곳에 알선하여 주었더니 모두가 뜻대로 잘되지가 않았다네. 그는 어떤 점에서 보면 사실 매우 우수한 청년이었네. 그러나 공동체에서의 기본 질서가 되어 먹지 않았네. 어려서부터 어떠한 환경에서 자랐는지는 모르겠지만 젊은 것이 벌

써부터 이 세상을 비웃는 버릇에서 벗어나지 못하고 있는 것이 큰 화근덩어리일세. 그 어디에 소개하여 주어도 그는, '내 마음에 맞지가 않는 일이야, 희망을 가질 수 없는 직업이야.' 하고 생각하고 있다네. 다음에라도 사람을 소개하려면 회의적이지 않은 긍정적인 사람, 즉 산타클로스를 믿는 사람을 보내 주길 바라네."

현명한 독자 여러분은 무슨 말인지 금세 알아차릴 것이다.

인생의 밝은 빛을 찾아야 한다

간단한 편지 속에 한 개의 커다란 성공의 열쇠가 보인다.

'산타클로스'를 믿는 사람을 보내 주길 바란다.'

이 거룩하고 진실한 믿음에 당신이 굳은 신념을 가지고 있지 않다면, 당신이 가지는 그 외의 모든 것, 즉 학문과 친구, 약, 돈도 별로 신통한 도움이 되지 않을 것이다. 아니 오히려 그런 것조차 얻을 수 있을는지 의심스럽다.

산타클로스, 즉 행복의 신을 믿는다는 것은, 허무맹랑하다거나 김 빠진 맥주와 같은 낙천주의가 아니다. 그것은 긍정적인 사고의 원리이며, 또한 움직이고 약동하는 활발한 인생관이다. 그리고 그것은 세상의 활기찬 젊음과 봄을 가져오며 희망과 생장을 용솟음치게 하는 인생관이다.

그러한 희망은 20대의 청년이나 70대의 노인도 모두 한결같이 지녀야 하고 또한 품을 수 있는 인생관이다.

이와 반대되는 것은 회의주의의 인생관이다.

회의주의는 사람을 그늘지게 하고 어두운 성격으로 만든다. 이러한 침울한 태도는 모든 것을 올바르게 보기보다는 일그러진 것으로 보아 매사에 부정적이며 비관적인 무기력감을 낳는다.

뿐만 아니라 모든 것을 믿지 않게 되고 스스로를 파멸시키는 냉소주의와 허무주의에 사로잡힌다. 황량한 어둠 속에 묻혀서, 입신 출세할 기회를 엿볼 수 있는 눈을 가리게 하는 어두운 점만을 더욱 넓힐 뿐이다.

부정적인 인생관에 사로잡히면 자신의 재능을 충분히 펼칠 수가 없을 뿐더러 체력과 에너지 그리고 누구나 지닐 수 있는 희망과 열정을 약동시키지 못할 것이다. 아울러 사고는 항상 눅눅하고 그늘진 어둠 속에 파묻혀 헤매게 될 뿐이다.

여러분은 아직도 '산타클로스를 믿는다는 것은 터무니없는 맹랑한 짓'이라고 말하는가?

여러분이 안하무인격으로 잘난 체하고 아는 체하는 비꼬인 신념이 그렇게 말한다면 이 이상은 더 이 책을 읽을 필요가 없다. 아예 쓰레기통에 내던지는 것이 현명할 것이다.

필자는 그동안 이 나이가 되기까지 허다한 범죄와 타락, 혹은 파멸 등의 실례를 보고 듣고 할 기회를 많이 가졌었다. 이러한 인생의 어두운 면에 빠지고 비참한 파멸의 구렁으로 떨어져가는 사람들에게 예외 없는 공통점은 그들 모두 인생의 밝은 빛을 믿지 않았다는 사실이었다.

또한 내가 친히 만나 본 일이 있는 여러 성공자들의 인생에 대하여 무엇인가 영구적인 가치가 있는 일을 하고, 확고한 지위에 오른 사람들은 모두가 단순한 논리, 즉 산타클로스를 믿는 사람들이었다.

그러한 사람들 가운데에 나에게 부정적인 태도라든가 근본적으로 회의주의에 빠진 듯한 인상을 준 사람은 단 한 사람도 없었다.

적어도 성공자라 불리는 사람들은 모두 그 성공을 쌓아 올리는 동안에도 웃음을 잃지 않고 매사에 감사하는 마음으로 살며 낙천적인 인생관을 지니고 있었다는 것을 확언해 두는 바이다.

열다섯 살의 미하엘

반민주주의적인 터키 군대에서 도망쳐 대서양 항로의 삼등 선객이 된 열다섯 살의 미하엘은 하염없이 흘러가는 배의 갑판 위에 서서 지내온 일을 회고하고 있었다. 아는 사람이라고는 아무도 없는 미지의 세계 미국에서의 앞날을 생각하니 가슴이 조여 오며 두려움을 떨치지 못하고 있을 때 돌연 불어오는 세찬 바닷바람에 쓰고 있던 모자마저 바닷물에 날리고 말았다.

뉴욕의 맨해튼 부두에 내린 미하엘은 브로드웨이 쪽으로 걸어가면서 잃어버린 모자 대신에 땀 냄새와 촌스런 자기 나라식 수건을 머리에 동이고 때 묻은 붉은 터키모자를 얹어 썼다.

큰 사거리에 이르자, 그는 자신의 머리 위에 거미줄처럼 무수히 쳐 놓은 전선에 눈이 휘둥그레지며 그저 놀란 입을 다물지 못하고 멍하니 하늘만 쳐다보고 있었다.

'도대체 이 무수한 전선들은 어디서부터 온 것이며 또 어디로 가는 것일까? 그리고 이 많은 사람들은 모두 어디를 바쁘게 왔다 갔다 할까?'

높은 건물들을 쳐다보니 눈이 빙빙 도는 것만 같았다.

그저 말문을 열지 못하고 멍하니 서 있는 미하엘의 모습을 본 길가의 구두 닦는 꼬마가 심술궂게 생긴 때 묻은 얼굴에 흰 이를 드러내어 웃으면서 이 이상한 소년의 위아래를 훑어보고 있었다. 그리고 신문을 파는 소년도 가까이 왔다.

그러자 장난꾸러기 구두닦이는 갑자기 팔을 휘둘러 미하엘이 쓴 모자를 내동댕이쳐 버렸다. 삽시간의 일이었다.

그러자 미하엘은 침착하게 어깨에서 짐을 내려놓았다. 의사소통이 안 되는 그가 당장 할 수 있는 것이라고는 세계 어느 곳에서나 통용할 수 있는 말, 즉 주먹을 쓰는 것이었다.

그는 두 주먹에 힘을 모아 이 무례한 인사에 답하고자 하였다. 당연히 신문 파는 아이들과 구두닦이 아이들이 졸지에 모여들어 좋은 구경거리가 생겼다며 두 소년의 둘레를 에워쌌다.

두 소년의 싸움은 그 가운데서 벌어졌다.

결국 미하엘의 한 주먹에 구두닦이가 쓰러지고 미하엘은 그가 완전히 항복하자 비로소 그를 놓아주고 천천히 길 위에 굴러 떨어진 모자를 집어 머리 위에 얹었다.

둘러쌌던 구경꾼들도 이 기이한 외국 소년의 태도에 감탄하여 마지않았다.

그때 어떤 신사 한 사람이 그 인파들 속에서 쑥 나서더니 미하엘의 팔목을 붙들었다.

미하엘은 사복을 한 이 나라의 헌병이나 경찰인 줄 알고 깜짝 놀랐다. 그러나 신사는 성내는 것 같지도 않고 쌀쌀하거나 비웃는 태도가 아니었다. 오히려 동정하여 주는 듯한 태도로 자신과 함께 가자고 말하는 것 같았다.

그리하여 미하엘은 그 신사와 같이 부둣가로 되돌아가 통역을 부탁하였다. 통역은 미하엘에게 그 신사의 말을 이렇게 일러 주었다.

"이 신사는 아까 네가 보여 준 행동에 흡족히 여기신다고 하신다. 그래서 너만 좋다면 일거리를 주고 싶단다. 이분은 델라웨이 근처에 큰 농장을 가지고 계신데, 네가 거기 가고 싶은 마음이 있다면 노잣돈을 내 주시겠다고 하시는구나."

감사한 마음으로 첫발을

이렇게 미하엘은 미지의 세계, 미국에서의 첫 번째 일자리를 농장에서 시작하게 되었다.

그곳 농장에는 많은 노동자들이 있어서 함께 식사할 수 있는 큰 식당이 있었다.

미하엘은 이른 봄의 추위를 식당의 난롯가에서 녹이며 한동안은 고향에 대한 그리움에 젖기도 했지만 그것도 오래가지는 않았다. 자신의 나약한 생각을 잊으려고 일에 열중하다 보니 차차 일에 재미가 붙어 모든 것이 새로운 흥미와 즐거움으로 변해 가는 것이었다.

미하엘은 언제나 즐거운 마음으로 빨간 터키모자를 머리에 얹고 고향 노래를 부르며 파릇파릇 싹트는 푸른 들판을 누비며 말과 소떼를 몰았다. 그리하여 항상 웃음을 잃지 않고 지칠 줄 모르게 뛰어다니는 미하엘은 여러 사람들의 귀여움을 받았다.

농장 감독의 딸 열두 살 난 소녀도 그를 친오빠처럼 따랐다.

어느 날 밤 그가 난롯가에 앉아 있으려니까 소녀가 가까이 다가와 그의 팔을 잡아당겼다. 그 소녀의 어머니는 식당 앞에 서서 웃으며 그들을 마주하였다. 두 모녀가 미하엘에게 영어를 가르쳐 주기 위해 부르러 왔던 것이었다.

이렇게 그는 영어를 배우기 시작하였다.

미하엘은 마음속으로 '감독님께서도 나를 자기 가족처럼 친절히 대해 주시는구나.' 하고 생각하며 감사한 마음을 잃지 않았다.

이제 미하엘에게 있어 고향에 대한 향수는 점차 사라지게 되었고, 그의 영어 실력은 급속도로 늘어서 모녀를 기쁘게 하였다.

두 달이 지나니 그럭저럭 영어로 자기 의사를 표현하게 되었고 상대편도 이를 알아듣게끔 되었다.

그뿐이 아니고 저축한 돈도 40달러가량이나 되었다. 그리하여 그는 농장 감독에게 자기는 이곳 미국에 일을 하러 온 것이 아니라 무엇인가 좀 더 보람된 일을 하기 위해서 온 것이라며 자신의 포부를 밝혔다.

사실은 당초 농장 일보다는 뉴욕이라는 대도시에서 무언가 새로운 일을 찾아보려는 생각이었던 것이다.

감독은 미하엘의 뜻에 동의하고 그를 격려하여 떠나보낼 수밖에 없었다.

뉴욕에 가는 도중 여비가 떨어지자 델라웨이의 한 농장에서 일을 하기도 하고 뉴저지에서는 어떤 고지식한 침례교도의 농가에서 일을 거들기도 했다.

그런데 그 침례교도의 주인이 주일이 되자 미하엘을 억지로 교회에 끌고 갔다.

그러나 미하엘은 침례교 신자가 될 생각이 조금도 없었다. 따라서 다음 날 이른 아침, 해가 뜨기도 전에 그곳을 빠져나와 들을 지나고 산을 넘어서 오전 9시경에는 프린스턴에 들어섰다.

배고픔과 피로에 지쳐 비틀거리면서도 빵과 샌드위치를 사가지고 프린스턴 대학교의 뒤뜰 한 구석에 기어들어가, 나무 그늘 밑에서 허겁지겁 먹기 시작했다. 그리고 샌드위치를 먹으면서도 눈으로는 드나드는 학생들의 모습을 살펴보았다. 그러는 동안 어느새 그냥 잠에 빠져들어 버렸다.

잠 속에서 그는 자기가 대학생이 된 것처럼 화려하고도 위풍당당한 자신의 모습을 볼 수 있었다.

갑자기 한기가 느껴지며 눈이 떠지자 이제 뉴욕에 가려던 욕망은 더욱 더 간절히 용솟음쳤다. 꼭 꿈을 꼭 실현시켜 보려는 새로운 다짐을 하게 되었다.

전력을 다하다

뉴욕에 도착하자 처음에는 비스킷 공장에서 일하고 다음에는 주물공장의 직공이 되었다가 다시 슈퍼마켓 점원이 되었다

그는 쉴 사이 없이 무엇인가를 찾기에 온갖 전력을 다하였고 경제적으로도 스스로 해결해야만 했다. 될 수 있는 대로 돈을 절약하여 학교에 다니게 되었으며 손에 넣을 수 있는 있는 서적이라면 이를 탐독했다. 그리고 영어 독해에 힘을 기울였지만 아직도 회화에는 익숙하지 못하였다.

그리하여 그는 무리를 해서라도 틈을 내어 무도장으로 가서 이름난 배우들의 대사를 열심히 듣고 익혔다.

미하엘은 많은 책을 읽던 중 과학 문명에 흥미를 가지기 시작했다. 따라서 신문에 게재되는 과학에 관한 기사는 하나도 빠짐없이 읽었다.

당시는 토머스 에디슨의 이름이 차츰 알려지던 때였다. 미하엘은 에디슨이 연구실에서 하는 일에 관한 보도 기사는 큰 것, 작은 것을 가리지 않고 메모해 두는 습관을 길렀으며, 또한 영국인 물리학자 존 레일리의 강연에 관한 보도도 빠짐없이 메모해 두었다.

일을 끝마친 후에는 건강은 물론 견문을 넓히기 위하여 거리를 활보하는 것을 일과로 삼았다. 뉴욕의 뒷골목은 물론 59번 길을 따라 걸으며 상점을 들여다보고는 그 안에 진열되어 있는 책이나 사진들을 바라보면서 현재 미국의 이름난 유명 인사들의 이름과 직업들을 머릿속에 새겨두었다.

이러한 산보도 그에게는 효과적인 일종의 공부가 되었다.

미하엘이 미국에 건너온 지 5년 만인 스물한 살 때에는 350달러를 저축할 수 있었고 콜롬비아 대학에 입학할 수 있는 영예를 안을 수 있었다. 그래도 물론 학교 밖에서 생활비를 얻기 위한 노동은 계속하지 않으면 안 되었다.

일 학년 시절은 그의 열악한 경제적 사정으로 말미암아 동료들과 어울리는 데 애로사항이 많았고 학생들 사이에서는 공부벌레라며 따돌림 당하기 십상이어서 그다지 인기가 없었다. 그러나 그는 수학과 희랍어의 두 학과에서 수석을 차지하고 일 학년을 마칠 수 있었다.

그해, 해마다 이 대학의 명물의 하나로 열리는 챔피언 쟁탈전이 벌어졌다. 그해 승부는 레슬링으로 일 학년생들과 결승을 다투게 되었다.

일 학년의 대표 선수는 당시 위세를 떨치던 명문가의 자제였으며 우람한 체격을 지닌 청년이었다. 그러자 다른 학생들은 소문만 듣고도 싸우기 전에 이미 풀이 죽어 버린 상황이었다. 그자를 당할 만한 사람이 없을 것만 같았다.

일찍이 미하엘은 주물공장 시절 직공들과 레슬링을 배워 본 일이 있었다. 따라서 레슬링에 대한 기본기술의 상식이 있었기에 자진하여 선수로 나갈 것을 청했다.

그러자 학우들은 비록 수학과 희랍어를 수석으로 마친 친구라 할지라도 레슬링을 맡기는 것은 말이 되지 않는다고 생각했지만 그

렇다고 신통한 별다른 선수감도 없다 보니 결국은 미하엘에게 맡기
지 않을 수가 없었다.

드디어 시합이 시작되자 모두 자기 눈을 의심하지 않을 수 없
었다. 미하엘 또한 자기 자신의 힘에 놀라지 않을 수 없었다. 상대
선수의 황소 같은 거구가 너무나 쉽게 무너졌기 때문이다.

미하엘은 학우들로부터 단연 인기를 끌게 되었다. 뿐만 아니라 수
입도 훨씬 늘게 되었다. 그것은 레슬링을 가르쳐 달라는 학생들의
청을 받아들인 보수가 수학과 희랍어를 가르치던 아르바이트의 수
입보다도 많아졌기 때문이다.

우수한 성적으로 콜롬비아 대학을 졸업한 그는 더욱 학업에 정진
하기 위하여 영국의 케임브리지 대학과 독일의 베를린 대학으로 유
학을 하게 되었다.

학업을 끝마치자 다시 콜롬비아 대학에 돌아와 그때 새로이 마련
된 전기공학의 강의를 맡게 되었다.

엑스(X)선 발명

미하엘이 전공한 부문은 물리학이지 전기학은 아니었다. 그러나
그의 박학한 과학 지식의 덕택으로 전기공학의 강의도 그다지 곤란
한 것이 아니었다. 동시에 그는 그 자신이 전기에 대한 흥미를 가지
게 되었고 특히 전기 주파수 연구에 특별한 관심을 가지게 되었다.

그 연구 결과 무선 전신의 획기적인 부분을 발명하게 되었다. 그
중 한 가지는 오늘날, 라디오에 널리 쓰이고 있는 파장 조절 방법이

었다. 그리고 또 한 가지는 무선 전신 수신소에서의 고주파 전류의 조정에 의한 수신 방법이었다. 이 방법은 후에 진공관 증폭기의 출현으로써 널리 보급되었다.

병원의 외과에서 엑스선X線을 응용하는 것을 창안한 것 또한 일개 떠돌이 소년에 지나지 않았던 미하엘 바로 그였다.

어느 날 폭발 사고로 팔에 100여 개 이상이나 되는 파편이 박힌 브레스고트에게 엑스선 사진을 찍은 것도 그였으며, 의사는 그 사진 한 장으로 그의 팔에 박힌 파편 모두 찾아서 빼어내는 데 성공하였던 것이다.

미하엘은 엑스선 다음에 전력 반송에 관한 연구를 하기 시작했고 그 결과 발명된 것이 오늘날 전화선을 땅 속으로 매설하기 위하여 널리 사용되고 있는 방법을 개발하게 된 것이다.

이 발명으로 말미암아 그는 미국 전역에 걸쳐 전신전화회사로부터 막대한 특허료를 받았음도 물론이다.

생동하는 활발한 인생관

이토록 놀라운 성공을 이루게 된 원인을 미하엘 박사는 다음과 같이 설명한다.

나에 대해서 '긍정적이며 낙천적인 그리고 생동하는 활발한 인생관'이란 말을 많이 하지만 참으로 그러한 것들이 없었더라면 오늘의 나는 없었을 것이다.

나는 항상 새로운 성공의 길에 도전하며 그를 위해 전심전력하였다. 그리고 나는 그 결과로 얻은 것은 내가 지불했던 노력보다는 훨씬 큰 것이라는 굳은 신념을 가지고 살아왔다.

나는 여러 번 아주 곤란한 처지에 부딪치고는 했지만 실패가 두려워서 노력을 포기하거나 뒷걸음질을 친 일은 한 번도 없었다.

우리들이 욕구를 행동으로 이끄는 것은 이 활동적 인생관의 원리이다.

누구나 자기 자신보다도 위대하고 강력한 그 어떤 것의 존재를 믿지 않으면 안 된다. 자기 개인의 힘으로써는 자기가 바라는 바를 달성하지 못한다. 여러 가지 힘이 어떻게 보면 가히 기적적인 방식이라고도 할 만큼 그때그때의 도움으로 나타나서 우리들을 원조하는 것이다.

우연이라는 것 또한 믿지 않으면 안 된다.

내가 미국에 상륙하자마자 어려운 곤경에서 나를 목장으로 이끌어 준 은인이 있듯이, 당신의 팔을 붙들고 당신의 목적을 이루기 위해, 인도하여 줄 사람이 당신 곁에 가까이 있을지도 모를 일이다.

내가 보건대 사람들의 공통된 가장 큰 약점이란 것은 '바라는 것이 적다.'는 것이다.

우리들은 적은 것에도 곧 만족하기 쉽다. 보다 더 높고 더 큰 앞날에의 열렬한 기대가 우리들의 굳은 신조가 아니면 안 된다.

희망을 크게 하고 이상을 높게 들어야 한다.

우리는 언제나 자신이 해야 할 새로운 일거리가 존재한다는 것을 인식하고 자기 자신만이 이것을 해야만 한다는 결의를 다져야 한다.

자신만이 이 일을 해내기 위하여 뽑힌 사람이라는 신념은, 당신의 행동에 더욱 강한 힘이 될 것이다.

이 세상에서 가장 가엾은 사람은 출발을 할 줄 모르는 사람이다. 이러한 사람은 자기와 자기 자신의 능력에 대한 확신을 갖지 못하고 '하늘은 스스로 돕는 자를 돕는다.'는 것을 믿지 않는 사람들이다.

일을 완수하는 비결

앞에서 설명한 문제에 직면한 경우에 이어, 여기에서는 문제된 일을 완성하는 법을 깨닫게 될 것이며 만약에 지금 당신이 원하지 않는 일을 하고 있거나, 원하는 일을 할 수가 없을 때조차도 당신에게 큰 도움을 줄 것이다.

우리가 알고 있는 위대한 사람들의 대부분이 이 방법을 쓰고 있으므로 이 방법을 설명하고자 한다.

일을 완성하는 법을 당신 일생의 일부분으로 하려면 어떻게 해야할 것인가.

그것은 습관에 의한 것이며, 그 습관을 되풀이함으로써 형성되는 것이다.

위대한 심리학자요, 철학자였던 윌리엄 제임스는 말하고 있다.

"행동의 씨앗을 뿌리면 습관의 열매가 열리고, 습관의 씨앗을 뿌리면 성격의 열매가 열리며, 성격의 씨앗을 뿌리면 운명의 열매가 열린다."

그는 당신이 만들어 내는 모든 것은 당신의 습관이라고 말하고 있지만 당신은 당신의 습관을 자유로이 선택할 수가 있다.

만약에 당신이 바라는 어떤 습관을 몸에 익히고 싶다면 셀프스타터(self starter : 자발적으로 행동하는 사람)를 쓰면 될 것이다.

그렇다면 일을 완수하는 비결이란 도대체 무엇일까. 그리고 이 위대한 비결을 쓰는 것을 당신에게 강요하고 있는 셀프스타터란 무엇일까.

당신이 살아 나가는 일생 동안 행하려고 하는 일이 좋은 일이 아니면 '곧 시작하라!'고는 결코 말하지 않을 것이다. 그리고 그 행위가 좋은 일이고 '곧 시작하라!'는 말을 당신이 의식했을 때는 언제든지 곧 행동으로 옮길 일이다.

조그마한 일에 대해서도 '곧 시작하라!'고 하는 것은 셀프스타터에게 답하는 것을 언제나 실천해야 한다. 그렇게 함으로써 당신은 반사(反射: 자극에 대한 반응)적인 감응의 습관을 재빨리 몸에 익히고 비상시나 기회가 왔을 때 곧 행동하게 될 것이다.

만약 당신의 집안에 아무도 없고 혼자 있을 때 방안의 전화벨이 울렸다고 하자. 그러나 당신은 귀찮은 생각과 본래부터 우물쭈물하는 경향이 있으므로, 언제까지나 전화를 받지 않을 것이다. 그러나 '곧 시작하라!'는 셀프스타터가 당신의 잠재의식으로 떠오르게 되면 당신은 곧 행동하게 된다. 그러므로 전화를 받게 될 것이다.

이렇게 일을 완수하는 비결을 배운 사람으로 H. G. 웰즈란 사람이 있다. 그는 그것을 실행했기 때문에 많은 작품을 쓸 수 있었으며,

그에게 좋은 아이디어가 떠오르면 절대로 그것을 놓치는 일이 없었다. 그 아이디어가 그의 의식 속에서 생생하게 살아 있을 때의 생각을 곧 메모해 놓았던 것이다.

이와 같은 일은 한밤중에도 일어날 수가 있다. 그러나 웰즈는 아무리 깊은 한밤중이라도 일어나서 언제나 그의 침대 곁에 놓여 있는 종이와 연필을 꺼내어 그것을 메모하고 나서야 잠을 청했다.

잠시 생각났다 곧 사라지는 아이디어라도 그것이 머리에 떠올랐을 때 곧 적어 두어 인스피레이션靈感의 번득임을 봄으로써 그 기억을 새롭게 하면 되살아나는 것이다. 웰즈의 이러한 습관은 당신이 행복했던 시절을 생각하고 미소 짓는 것처럼 자연스럽고 무리하지 않게 행해지는 현상이다.

일부의 사람들에게는 우물쭈물하는 습관이 있다. 그 때문에 일에 뒤지거나, 열차를 놓치는 일도 있으며 또는 좀 더 중요한, 그들의 인생을 좋은 것으로 바꿀 수 있는 기회를 놓쳐 버리는 수도 있다. 누구인가 그 시기에 필요한 일을 연기했기 때문에 전쟁에 패한 예를 우리는 역사에서도 종종 볼 수가 있다.

우리는 셀프스타터가 제2차 세계대전 때 한 전쟁 포로에게 어떠한 의미가 있었는가를 실화를 통해서 이야기해 줌으로써 그들을 자극시키기도 한다.

셀프스타터의 의미

제2차 세계대전 중 일본군이 마닐라에 상륙했을 때 케네스 E. 하먼은 군속으로서 필리핀의 해군에 근무하고 있던 중 체포되어 2일 간 호텔에 억류당한 뒤 포로수용소로 보내졌다.

그가 수용소로 들어간 첫날, 같은 방에 있는 사람이 베개 밑에 한 권의 책을 갖고 있는 것을 보았으므로 그에게 책을 빌려 주기를 바 랐다. 그것은 '생각하라, 그러면 부자가 될 수 있다.' 라는 책이었다.

그때까지의 그는 절망감에 휩싸여 있었다. 수용소 속에서 일어날 수 있는 고통과 학대, 심지어는 죽음까지를 생각하고 공포에 떨고 있었다. 그러나 그 책을 읽어 내려가는 동안에 그는 희망을 품게 되 었다.

그는 그 책을 자기 것으로 만들고 싶다는 강한 욕망을 가지고 수 용소의 다른 친구들과 그 책의 이야기를 하고 있는 사이에 그 책이 원래의 소유자에게도 중요한 의미를 가지고 있음을 깨닫게 되었다.

그리하여 그는 그에게 이렇게 말했다.

"이것을 베낄 수 있게 빌려 줄 수 없겠소!"

"좋아요, 시작하시오."

이러한 대답을 듣고 난 케네스 하먼은 일을 완성하는 법을 행동으 로 옮겼고 맹렬한 기세로 타이핑하기 시작했다. 언제 이곳에서 다른 수용소로 이동하게 될는지도 모른다는 생각에 불안한 마음으로 그 일에 몰두하게 되었다.

그러나 그렇게 해치운 그 일은 매우 잘한 일이었다. 그가 마지막 페이지를 다 타이핑한 후 채 한 시간도 되지 않아서, 일본군은 그를 악명 높은 세인트 토머스의 포로수용소로 옮겼기 때문이다. 그가 늦지 않게 일을 끝낼 수 있었던 것은 시기를 잘 맞추어 일을 시작했기 때문이었다.

그는 포로 생활을 했던 3년 1개월 동안 그 원고를 소중히 간직하고 있었다. 그리고 몇 번인가 되풀이해서 그 책을 읽었기 때문에 어느새 그것은 그의 사상의 양식이 되어 있었다. 때로는 그를 격려하여 용기를 내게 해주고, 정신적·육체적 건강을 갖게 해주었으며, 장래의 계획을 세우는 데 도움을 주었던 것이다.

그가 수용되어 있는 세인트 토머스의 포로의 대부분이 영양 부족과 공포 때문에 육체적·정신적으로 불치의 병을 앓고 있었지만 그의 경우는 예외였다.

"나는 처음 그곳에 들어갈 때보다 더욱 인생에 대한 새로운 준비가 되어 있었고 더욱 새롭고 또렷한 정신력을 가지고 세인트 토머스를 나왔다."

그가 술회한 것처럼 다음 말을 통해 그의 사고방식을 알 수 있을 것이다.

"성공은 끊임없이 실행되어 있지 않으면 안 된다. 그렇지 않았다가는 그것은 우리가 느끼지 못하는 사이에 이미 우리로부터 멀어진다."

지금 이 순간부터라도 적극적으로 행동할 때이다. 일을 완성하는 법은 사람의 마음가짐을 소극적에서 적극적으로 바꿀 수가 있기 때문이다. 그러므로 당신에게는 우울했던 날이 즐거운 날로 바뀌게 될 것을 확신한다.

우울함을 즐거움으로 바꿀 때는 바로 지금이다

코펜하겐 대학생이었던 조지 줄라르는 어느 해 여름, 관광객을 안내하는 아르바이트를 한 적이 있었다. 그는 급여와는 상관없이 일을 잘했으므로 시카고에서 온 몇몇 관광객이 그가 미국으로 여행할 수 있도록 수속을 해주었다. 여행 일정에는 시카고로 가는 도중에 워싱턴에서 관광하는 것도 짜여 있었다.

워싱턴에 도착한 조지는 미리 예약해 놓은 윌아드 호텔에 묵게 되었다. 그의 웃옷 주머니에는 시카고행의 비행기표가, 그리고 바지 뒷주머니에는 여권과 돈이 들어 있는 지갑이 들어 있었다. 그런데 그 순간 즐거운 관광여행이 엉망이 될 정도로 큰 사건이 일어났다.

그동안 까마득히 모르고 있다가 그가 막 침대에 들어가려 할 때 지갑이 없어졌다는 사실을 알아차린 것이다. 놀란 그는 아래층 프런트까지 뛰어 내려갔다.

'힘 닿는 데까지 성의껏 찾아보겠습니다.'라는 지배인의 말을 듣긴 했지만, 다음 날 아침이 되어서도 지갑은 그에게 돌아오지 않았다. 다만 조지의 주머니에는 겨우 2달러밖에 남아 있지 않았다.

여행길에 나선 사람이, 그것도 낯선 외국에 외톨이로 남으면 어찌하면 좋을까? 시카고에 있는 친구에게 전보를 쳐서 이 위급한 사실을 알리면 어떨까? 또 덴마크 대사관에 가서 여권을 잃어 버렸다고 말하고 도움을 청하면 안 될까? 차라리 경찰서에서 무슨 소식이 올 때까지 앉아 있을까?

이런저런 궁리 끝에 갑자기 그는 이렇게 생각하였다.

'아니다. 이제까지의 생각은 내가 취할 성질의 것이 못 된다. 나는 워싱턴을 구경할 것이다. 나의 일생에 이런 기회가 두 번 다시 올 것인가. 나는 이 커다란 도시에서 내 인생의 귀중한 하루를 갖는 것이다. 지금 나에게는 오늘밤 시카고까지 갈 수 있는 표가 있으니 그 다음부터라도 돈과 여권 문제를 해결할 시간은 충분히 있을 것이다. 그러나 지금 내가 워싱턴을 구경하지 않는다면 두 번 다시 관광할 기회는 없을 것이다. 우리나라에서는 몇 마일씩이나 걸어서 여행한 적도 있으니까 여기서도 그 방법을 이용하자.'

이렇게 생각한 그는 더욱 마음을 다져 먹었다.

'나는 지갑을 잃기 전의 어제와 똑같은 마음가짐으로 관광에 나선다. 나는 어제 행복했었다. 나는 지금도 행복해야 한다. 이렇게 워싱턴까지 와서 이 위대한 거리에서 휴일을 즐길 수 있는 특권을 가지고 있으니까. 이후로는 지갑을 잃어버린 불행을 끄집어내는 일로 시간을 낭비하는 그런 어리석은 짓은 하지 않을 것이다.'

그리고 그는 의기양양하게 호텔 문을 나섰으며, 걸어서 백악관과 의사당을 둘러보았다. 대박물관도 보았으며, 워싱턴 기념탑 꼭대기에도 올라갔다. 또 엘링턴 묘지와 그 밖에 그가 보고 싶다고 생각했던 장소에는 비록 다 가 보지는 못했지만 일단 구경한 곳은 매우 유심히 보았다. 그의 호주머니에 남아 있던 2달러의 돈으로 땅콩과 캔디를 사서 공복을 참기 위해 그것을 핥기도 했다.

만일 조지가 여권과 지갑을 잃어버린 일을 불행이라 생각하고 일을 완성하는 법을 쓰지 않았다면 그날은 조지 줄라르로서는 영원히

헛되게 보내 버린 하루였을 것이다.

이 이야기를 매듭지음에 있어서 덧붙여 말해 둘 것은 조지가 여러 의미 있는 여행을 마치고 돌아오는 동안 잃었던 지갑과 패스포트도 그의 손에 돌아왔다.

현재의 수입에서 배로 늘릴 수 있는 방법

클레멘트 스토운은 일곱 명의 회사 간부와 함께 국제 판매 간부협회의 대표로서 아시아 태평양 지역을 여행했었다. 그는 오스트레일리아 멜버른의 비즈니스맨 그룹에서 연설을 했다. 그때가 11월 중순의 어느 화요일이었고 연설의 제목은 '어떻게 동기를 유발시켜 행동할 것인가'였다. 그리고 다음 목요일 밤, 그는 전화를 받게 되었는데, 그것은 금속제의 캐비닛을 팔고 있는 어느 지배인으로 에드윈 H, 이스트라는 사람에게서 온 것으로 그는 매우 흥분하고 있었다.

"놀랄 만한 일이 일어났습니다. 그것을 선생님에게 말씀드린다면 아마 선생님도 저처럼 열광하시리라고 생각합니다."

"말씀해 보십시오. 도대체 어떤 일이 일어난 것입니까?"

"굉장한 일입니다. 선생님이 화요일에 연설하실 적에 동기 유발에 관한 말씀을 하셨죠? 그리고 말씀 가운데서 선생님은 사람을 분발시키는 책을 10가지 추천하셨지요. 저는 그중에서 '생각하라, 그러면 부자가 될 수 있다'라는 책을 사서 그날 밤부터 읽기 시작했습니다. 그날 밤 늦게까지 그것을 읽었고 다음 날 아침에도 그것을 다시 읽기 시작하고, 그러고 나서 한 장의 종이에다 다음과 같은 것을 적었습니다. '나의 뚜렷한 목표! 올해는 작년 매상고의 두 배를 올리는 일'이라고. 그러나 놀란 것은 그로부터 48시간 이내에 그것을 해낸 사실입니다."

"어떻게 해서 그 일을 해내셨습니까? 어떻게 해서 수입을 두 배로 올렸습니까?"

이런 물음에 대한 이스트의 대답은 이러했다.

"동기 유발에 관한 말씀 가운데서 선생님은 위스콘신주에 있던 선생님의 부하 세일즈맨 알렌이 어떻게 해서 어느 거리에 나가서 물건을 팔았는가를 말씀하셨죠? 그때 선생님은 알렌이 하루 종일 일해도 얻는 것이 하나도 없었던 것이 마침내 행운을 가져오게 했다고 말씀하셨습니다. 그날 밤에 선생님은 이렇게 말씀했습니다. 알렌은 사람을 분발시키는 불만을 폭발시켰던 것이라고. 그는 다음 날에는 손님들을 다시 한번 찾아다니며 다른 친구들이 하려면 1주일 걸리는 것보다도 더 많은 보험을 팔아 보겠다고 결심한 것이었습니다."

"그 알렌의 경우와 같은 일이 당신에게도 일어났습니까?"

"네, 선생님은 알렌이 어떻게 해서 똑같은 거리를 돌아다녔는가를 말씀하셨죠. 그는 똑같은 사람들을 두 번 방문해서 66구좌나 되는 신규 상해보험을 팔았던 것입니다. 또 저는 선생님이 하신 말씀을 기억하고 있습니다. '그것은 도저히 불가능한 일이라고 생각될지도 모르겠습니다. 그러나 알렌은 거침없이 그 일을 해냈습니다.' 저는 그 말씀을 믿었습니다. 그리고 그 일이 저에게도 가능하다는 생각이 들었습니다."

"그래서 그 방법을 당신의 사업에 이용하셨습니까?"

"저는 선생님이 가르쳐 준 셀프스타터의 '곧 시작하라!'는 말씀을 생각해 내고는 고객 카드가 있는 곳으로 가서 세일즈가 안 되었던 10명의 고객을 분석해 보았습니다. 그리고 그 이전에는 매우 귀찮은 생각이 들어 실행하지 않았던 일들을 했습니다. 그리고 '곧 시작하라!'는 말씀을 여러 번 되풀이해 보았습니다. 그 다음에 저는 적극적인 마음으로 이 10명의 고객을 찾아가서 그중 8명에게 큰 세일즈를 했습니다. 세일즈맨의 파는 방식에도 PMA, 그 힘을 이용하면 놀라운 효과가 있다는 것은 매우 특이할 만한 일이었습니다."

에드윈 H. 이스트가 동기 유발에 대한 이야기를 들었을 때 그의 마음에는 이미 준비가 되어 있었던 것이다. 그는 자기에게도 적용할 수 있다는 말에 자신을 갖기 시작했던 것이다.

이 글을 읽고 있는 당신에게도 '곧 시작하라!'는 셀프스타터를 가르쳐 주었으면 한다. 곧 실행에 옮기는 결심을 함으로써 우리가 예기치 않았던 꿈조차 실현되는 일이 있으니까 말이다.

사업과 취미 생활의 병행

맨레 스위디라는 사람은 사냥과 낚시를 매우 좋아했다. 그가 바라고 있는 멋진 생활이란 사냥총을 가지고 숲 속을 50마일이나 헤치고 들어가서 2~3일 후에는 피로와 긴장감으로 진흙투성이가 되어 돌아오는 일이었다.

그가 그의 오락을 즐길 수 없는 가장 큰 이유의 하나는 그의 직업이 보험 세일즈맨으로서 그 일에 너무 많은 시간을 뺏기고 있다는 결점이었다.

어느 날의 일이었다. 그가 낚시를 간 호숫가를 떠나 어느 거리로 돌아오려 할 때, 번뜩이는 아이디어가 하나 떠올랐다.

아무리 거친 들판 속에라도 보험을 필요로 하고 있는 사람들이 살고 있다고 생각할 수는 없는 일인가? 만일 그런 경우가 있게 된다면 나는 일하면서 동시에 취미생활도 살릴 수 있지 않을까?

이런 생각을 한 스위디는 실제로 그런 그룹의 사람들과 만날 수 있었다. 그것은 알레스타 철도에서 일하고 있는 사람들로서 이 사람들은 100마일이나 되는 선로 근처에 흩어져서 살고 있었다.

그렇다면 이와 같은 철도원, 거기다가 그 연선(沿線)에 있는 사냥꾼이나 금광의 광부들에게 보험을 팔수는 없는 것일까? 이 아이디어가 떠오른 날 스위디는 적극적인 계획에 돌입했다. 그는 여행 안내소 직원과 의논한 뒤 짐을 꾸리기 시작했다.

그는 분주하게 그 일을 진행시킴으로써 혹시나 실패할지도 모른다는 공포를 지워 버리는 데 노력했다. 그것을 고심하기 전에 그곳으로 떠났던 것이다.

그가 '맨발의 스위디'라는 별명을 얻어가며 철도를 따라 몇 번이나 돌아다닌 결과 그들을 보험에 가입시켰을 뿐만 아니라 외부세계의 대표자로서 환영받는 위치에까지 이른 것이다.

그는 자신의 능력껏 할 수 있는 조그마한 일로써 그들에게 감사함을 표했다. 머리를 무료로 깎아 주기도 했고 요리 강습도 했다. 독신

남자들의 거의 대부분이 베이컨과 통조림밖에 먹고 있지 않았기 때문에 그의 요리 솜씨는 크게 환영을 받았다.

그리고 그는 그동안에도 개인적으로 하고 싶은 일도 잘해내고 있었다. 언덕을 넘어 사냥도 하고 낚시질도 했으며 그가 멋있다고 생각한 일들을 실천에 옮기고 있었다.

그때의 생명보험업계에는 연간 100만 달러 이상의 보험을 판 사람에게 수여되는 특별한 명예의 자리가 있었다. 그것은 '100만 달러 그룹'이라고 불리고 있는 것으로써 거의 믿기 어려운 일이 스위디에게 일어났다.

충동적으로 행동하여 알래스카의 광야로 뛰어나가서 누구도 주목하지 않았던 철도를 돌아다닌 그는 100만 달러 이상의 일을 했으며, 그 결과 단지 1년 만에 '100만 달러 그룹'에 들어가게 되었던 것이다.

만약에 그가 터무니없는 아이디어가 떠올랐을 때, 일을 완수하는 법을 주저하고 있었다면 이러한 결과는 일어나지 않았을 것이다.

'곧 시작하라!'는 셀프스타터를 기억해 둘 일이다. 그것은 당신의 인생에 어느 면에서라도 영향을 줄 수가 있다. 그리고 주저하게 되는 일에 관해서 자신을 갖게끔 도와줄 것이다.

또 그것은 맨레 스위디가 했던 것처럼 당신이 하고자 하는 일을 도와줄 수도 있다. 그것은 한 번 잃으면 다시 얻기 어려운 순간을 잡는 데도 도움이 된다.

때로는 자신에게 편지를 쓰자

하나의 아이디어가 떠오르면 곧바로 책상 앞에 앉아서 자신에게 편지를 써서 당신이 언제나 하고자 했던 일들을 마치 그것이 완성된 것처럼 알리는 것이다. 전기 작가가 뛰어난 사람의 업적을 쓰는 것 같은 태도로 써 나가는 것이다.

그러나 그것뿐으로 그쳐서는 안 된다. 일을 완성하는 법을 쓰면서, '곧 시작하라!'는 셀프스타터에 대답하는 것이다.

혹시 기억해 두고 싶은 것은 당신이 무엇이든 그 일에는 관계없이, 만일 당신이 적극적인 마음가짐으로써 행동한다고 한다면 당신이 원하는 것이 될 수 있다는 것이다.

'곧 시작하라!'는 자기 자신에게 동기를 유발시키는 데 중요한 말이다. 그것은 '당신 자신에게 동기를 유발시키는 법을 터득하라'고 제목을 설정한 다음, 수록할 내용의 원칙을 이해하고 적용하기 위한 중요한 걸음걸이가 될 것이다.

▶ **어떤 아이디어가 떠올랐을 때의 그것을 처치하는 법칙**
⇒ 곧 시작하라!

보는 방법을 배워야 한다

조지 W. 칸벨은 태어날 때부터 시각 장애자였다. 이를 진단한 의사는 선천적 백내장이라고 말했다. 조지의 부친은 믿을 수 없어 의사를 바라보며 물었다.

"무슨 방법이 있을까요. 수술이라도 해서 고칠 수는 없을까요?"

"그렇습니다. 지금 같아서는 이 병을 고칠 방법은 전혀 없습니다."

그러나 조지 칸벨은 아직 어린 나이였으므로 자신이 무엇이 결여되어 있는지 알지 못했다.

조지가 9세가 되었을 때, 이해할 수 없는 기이한 일이 일어났다. 어느 날 오후 그는 다른 아이와 함께 놀고 있었고, 같이 놀던 다른 아이는 조지가 눈이 먼 사실을 잊고 그에게 공을 던졌다.

"비켜! 공에 맞는다!"

다행히 공은 조지에게 맞지 않았지만 일생에 다시는 일어나지 않을 것 같은 아주 당황했던 일이 일어났던 것이다.

그런 일이 있고 난 후 얼마 안 되어 조지는 어머니에게 이렇게 물었다.

"빌은 왜 나에게 공에 맞는다고 소리쳤고, 어떤 일이 일어나려 하고 있는지를 알고 있었을까요?"

어머니는 한숨을 쉬었다 그것은 그녀가 두려워하고 있던 일이 드디어 찾아왔기 때문이었다. 지금이야말로 조지에게 '너는 장님이다.'라고 알리지 않으면 안 될 때에 이른 것이다.

"앉아라, 조지."

그녀는 아들의 손을 잡고 다정스럽고 부드럽게 말했다.

"나도 잘 설명할 수 없고 너도 잘 알아듣지 못할지도 모르지만, 이렇게 말하면 알겠지."

그리고 상냥하게 아들의 조그만 오른손을 자기 손에 꼭 쥐고 그 손가락을 헤아리기 시작했다.

"하나, 둘, 셋, 넷, 이 손가락은 오감과 꼭 같단다."

그녀는 자신의 엄지와 검지 사이에 아들의 손가락을 끼고 설명을 하면서 하나하나 만져갔다.

"이 작은 손가락은 듣기 위해서 있는 것, 이 작은 손가락은 만지기 위해서 있는 것, 이 작은 손가락은 냄새를 맡기 위해서 있는 것, 이 것은 맛을 보기 위해서 있는 것이란다."

여기까지 설명하고 난 그녀는 잠깐 주저하다가 말을 이었다.

"그리고 나머지 이 작은 손가락은 보기 위해서 있는 것이란다. 이 다섯 개의 손가락처럼 저마다 오감이 머리에 있는 뇌신경에 신호를 보내도록 되어 있단다."

그리고 그녀는 '보기 위해서라고 부른 새끼손가락'을 접어 조지의 손바닥에 붙도록 구부렸다.

"조지야, 너는 다른 아이들과는 달라."

그녀는 설명했다.

"너는 네 개의 손가락밖에 가지고 있지 않은 것처럼 네 개의 감각밖에 쓸 수가 없단다. 듣는 것, 만지는 것, 냄새 맡는 것, 맛보는 것은 할 수가 있지만 보는 감각은 가지고 있지 않아. 지금 어떤 일을 해서 보여 주마. 잠깐 일어서라."

그녀가 상냥히 말하자 조지는 일어섰다. 어머니가 공을 들었다.

"자, 이걸 붙잡을 수 있도록…… 손을 내밀어 봐라."

조지는 손을 내밀었다. 그리고는 자기 손가락에 딱딱한 공이 닿는 것을 느꼈다.

"잘한다. 잘했어."

어머니는 말했다.

"네가 지금 한 것을 잊지 말아라, 조지야. 너는 다섯 개의 손가락 대신에 네 개의 손가락으로 공을 붙잡을 수가 있는 것처럼 충실하고 행복스런 생활을 붙잡을 수가 있어."

조지의 어머니는 이렇게 손가락에 비유해서 이야기를 했던 것이다. 이런 단조로운 이야기의 방법으로 사람 사이의 생각을 전달하는 수단이 될 수가 있다는 것이다.

조지는 다섯 손가락 대신에 네 손가락으로 하는 상징적인 일을 잊은 적이 없었다. 그런 마음가짐은 그에게 희망의 상징을 의미했다.

그리고 그가 자기의 핸디캡 때문에 용기가 꺾였을 때에는 언제나 자기에게 용기를 주는 도구로써 이 상징을 생각했던 것이다. 그런 모든 것들이 그에게는 일종의 자기 암시가 되었던 것이다.

그는 다섯 손가락 대신, 네 손가락으로 하는 말을 몇 번이고 되풀이했으며 필요하다고 느낄 때에는 언제든지 그것이 그의 잠재의식에서 의식의 표면에 떠올라 왔던 것이다.

그 후 고등학교에 다니고 있던 도중 조지는 병에 걸렸으므로 입원하지 않으면 안 되었다.

조지가 퇴원할 무렵에 그의 아버지가 어느 의료단체에 문의해 본 결과 선천적 백내장이 치료될 수 있다는 소식을 가지고 왔다.

그러나 성공의 가능성 쪽이 실패할 가능성보다도 훨씬 많았다.

그 후 9개월 동안에 양쪽 눈에 2회씩 도합 4회의 까다로운 외과수술을 받았다.

조지는 수술을 받은 후 며칠 동안을 두 눈에 붕대를 하고 병실에 있었다.

드디어 붕대를 풀어도 좋은 날이 다가왔다.

의사는 천천히 주의 깊고 세심하게 조지의 머리 둘레와 두 눈 위에서부터 붕대를 풀어 나갔다.

그 순간까지 조지는 아직 맹인이었다.

일순간 정적이 흐르고, 그 다음에 의사가 침대 곁을 떠나는 소리를 들었다. 무엇인가가 그의 두 눈 위에 비쳐왔다.

"어때, 보이나?"

의사의 질문이 들렸다.

그는 베개에서 약간 머리를 쳐들고 앞을 보았다. 희미한 빛에 색깔의 사물이 묻어 왔다. 그것은 색깔이 있는 사물의 모양이요, 모습이었다.

"조지!"

외치는 소리가 들려 그쪽을 돌아본 조지는 그 목소리의 주인공을 볼 수가 있었다. 그것은 어머니의 모습과 목소리였다.

조지는 18년이란 인생 속에서 처음으로 자기 어머니를 보았던 것이다. 거기에는 피로한 눈, 주름 잡힌 62세의 얼굴, 거친 손이었지만 그녀는 누구 못지않게 아름다운 모습이었다.

그에게 있어서 그녀는 천사였다. 고생과 인내의 세월, 교육과 계획의 세월, 그의 눈이 되어 지낸 세월, 사랑과 감동, 그것이 조지의 눈으로 본 최초의 것이었다.

지금까지 그는 최초로 본 자기 어머니의 인상을 마음속에 간직하고 있다. 그리고 이 사실로 당신도 알 수 있듯이 그는 그 최초로 보았던 것으로 인하여 시각에 감사하는 것을 배웠던 것이다.

"그런 상황이 되지 않고서는 아무도 보는 것의 기적을 이해할 수 없습니다."

그는 술회하고 있다.

눈으로 보는 것은 마음이 판단한다

조지는 이렇게 지적하고 있다.

"우리가 눈으로 보는 것은 항상 마음의 판단입니다. 우리는 우리가 보는 것을 해석하기 위해서 마음을 훈련하지 않으면 안 됩니다."

이 견해는 과학에 의해서도 백업되고 있다. 사무엘 렌쇼 박사는 '보는 것의 심리과정'을 설명한 자리에서 다음과 같이 말하고 있다.

"본다는 과정의 대부분이 눈에 의해서만 되는 것은 아니다. 눈은 마치 손을 내밀어서 물체를 붙잡고 그것을 머릿속에 기억하는 그런 작용을 하는 것이다. 거기서 뇌는 그 물체를 기억하게 인도한다."

사람들 중의 일부는 우리 둘레에 있는 추함이나 아름다움을 거의 보는 일 없이 그 생애를 보내고 있다. 따라서 우리는 눈이 뇌의 심리 과정을 통하여 우리에게 주는 정보를 파악하고 있지 않다. 그 결과, 우리는 종종 어떤 일을 보면서도 실은 보지 않는 결과가 일어나는 것이다.

과연 당신은 마음의 시력을 체크해 본 일이 있는가?

육체의 시력을 체크하는 것은 전문의사의 일이지만 마음의 시력도 육체시력과 마찬가지로 비뚤어지는 일이 있다. 그렇게 되면 당신은 그릇된 생각의 안개 속을 걷게 되며 당신 자신이나 타인에게 상처를 입히게 된다.

정신적으로 근시인 사람은 그 주위에 없는 대상이나 가능성을 빠뜨리고 보아 넘기려는 경향이 있다. 그런 사람은 곧 눈앞에 있는 문제에만 주의하고 미래를 생각함으로써 손에 들어오는 기회에 대해서는 거의 맹목적인 것이다.

만일 당신이 계획이나 목표 또는 장래를 위한 기초를 닦지 않는다면 당신은 정신적인 근시이다.

한편 정신적으로 원시인 사람은 곧 눈앞에 있는 가능성을 빠뜨리고 보는 경향이 있으므로 손 가까이 있는 기회를 보지 않는다. 이런 사람은 현재와는 아무런 관계도 없는 미래의 꿈의 세계만을 그리고 있는 것이다.

이와 같은 사람은 한 걸음씩 위로 올라가는 대신에 한꺼번에 정상으로 뛰어 올라가려 하여 발밑에 구덩이를 파는 결과를 낳게 될 수도 있다.

보는 것을 인정해야 한다

보는 것을 배우는 과정에 있어서의 당신은 주위를 보는 눈과 먼 곳을 보는 눈, 양쪽을 다 몸에 지녀야 한다고 생각할 것이다. 그러므로 자기 바로 앞에 있는 것을 보는 방법을 터득하고 있는 사람의 이익은 대단히 크다.

몬테나의 다비에 살고 있던 사람들은, 오랫동안 크리스털 산이라 부르고 있던 산을 쳐다보며 지내고 있었다. 그 산은 침식 작용에 의해 바위소금처럼 보이는 크리스털(유리)의 광맥을 노출하고 있었으므로 이렇게 불리고 있었던 것이다.

1937년에 그 광상鑛床이 드러난 첫머리 부분까지는 길을 내었지만, 누구인가가 그 반짝이는 물질의 한 조각을 주워서 실제로 그것에 관심을 가지고 관찰한 것은 그로부터 14년이 지난 1951년의 일이었다.

칸네와 토프슨이라는 다비의 주민이 거리에 진열되어 있던 광물의 컬렉션을 본 것은 바로 그해의 일이었다. 그 광물의 진열 속에 녹주석(綠柱石 : 6각주상의 광물)의 견본이 있었는데, 거기에 설명되어 있는 카드에 의하면 그것은 원자력 연구에 쓰이는 것이었다.

칸네와 토프슨은 흥분하여, 곧 크리스털 산의 채광권을 손에 넣었다.

토프슨은 광석의 견본을 광산국에 보내고 그와 동시에 광석의 광상鑛床을 보기 위해 검사관을 파견해 달라고 요청했다.

그해 연말 무렵이 되어 광산국은 불도저를 산 위까지 운반해 올려 그것이 정말로 귀중한 베릴륨의 세계 최대 광산인가를 검사하기 위해서 노두露頭의 속까지를 파내기 시작했다.

결국에는 대형 트럭이 그 산으로 올라가 극도로 무거운 광석을 아래까지 운반해 내리는 한편, 산 밑에서는 US 스틸사와 합중국 정부의 대표자가 그 귀중한 광석을 손에 넣고자 돈을 들고 기다리고 있는 상황에까지 이른 것이다.

이렇게 된 것은 어느 날 두 젊은이들이 눈으로 관찰했을 뿐만 아니라 그들 마음으로 보는 수고를 마다하지 않았기 때문이다.

이렇게 한 결과로 그들은 억만장자로의 길을 걸었다.

창조적인 눈으로 보아야 한다

심리적으로 원시인 사람이라면 칸네와 토프슨이 한 것 같은 일을 하지는 못했을 것이다. 왜냐하면 그는 자기 발밑에 놓여 있는 이익에만 눈이 어둡고 먼 곳에 있는 가치를 볼 수 없기 때문이다.

지금부터라도 당신의 눈앞에 행운이 뒹굴고 있지는 않은지 주위를 잘 살펴볼 일이다.

당신이 집안일을 하며 돌아다니고 있을 때에 무엇인가 작은 초조함의 원인이 되는 것과 부딪치는 일이 있을 것이다. 그때 아마도 당신은 그것을 극복하는 방법, 당신의 경우만이 아니라 다른 사람에게도 도움이 되는 그런 방법을 발견해낼 수가 있을 것이다.

이와 같이 가정에 필요한 일을 함으로써 재산을 증식한 사람도 많이 있다. 머리핀을 발명한 사람도 그랬고, 종이를 집는 클립을 연구한 사람도 그랬다. 지퍼를 발명한 사람도 역시 그러했다. 그러므로 당신의 주위를 잘 살펴보아 두는 것을 배울 일이다. 어쩌면 당신은 당신의 집 뒤뜰에서 다이아몬드의 광맥을 발견할지도 모른다.

그러나 정신적인 근시도 정신적인 원시의 경우와 마찬가지로 문제가 있다.

이와 같은 사람은 바로 눈앞에 보이는 것만을 보고 조금 먼 곳에 있을 가능성은 전혀 알아보지 못한다. 그런 사람은 계획의 힘을 이해하지 못하는 사람이다. 생각하는 시간이라는 것의 가치를 이해하지 못하는 것이다. 자신에게 직접 부딪치는 문제에 지나치게 집착하고 있으므로 새로운 기회를 찾아 보다 큰 것을 붙잡기 위해서 노력하는 마음의 여유를 지니고 있지 않은 것이다.

마음으로 보는 눈을 가져야 한다

당신에게 직면한 문제에 대해 당신 자신이나 남에게 질문을 해보는 것은 당신에게 큰 이익을 가져다줄지도 모른다. 그렇게 한 결과로 세계적으로 위대한 과학적 발견의 하나가 이루어졌던 것이다.

어떤 영국인이 한 할머니의 농장에 휴가를 즐기러 와서 아주 편히 쉬고 있었다. 그런데 그의 눈앞에서 한 알의 사과가 땅에 떨어지는 것을 보았다.

"왜 사과나무의 사과가 땅에 떨어지는 것일까?"

그는 스스로에게 물어보았다.

"땅이 사과를 끌어당기는 것일까? 사과가 대지를 끌어당기는 것일까? 아니면 양자 서로가 끌어당기는 것일까? 거기에 있는 보편적인 원리는 무엇일까?"

고등수학을 공부하던 그 학생은 여러 가지로 생각한 끝에 하나를 발견했다.

드디어 그는 구하고 있던 답을 발견했던 것이다.

"대지와 사과는 서로 끌어당기고 있다. 그리고 '물체와 인력의 법칙'은 우주에 적용되는 것이다."

이렇게 하여 뉴턴은 '만유인력의 법칙'을 발견한 것이다. 이것은 그의 관찰력이 날카롭게 관찰한 결과 답을 찾았기 때문이다. 따라서 생각한다는 것은 마음으로 보는 일이다.

행동해야 한다

보는 능력이란 것은 눈의 망막을 통하여 빛을 붙잡는다는 말이다.

우리는 많은 사람들이 지각知覺을 썼으므로 성공한 예를 보고 있다. 그것은 당신이 보는 것을 해석하고, 그 해석을 당신의 인생과 타인의 생활에 적용하는 기술인 것이다.

보는 것을 터득함으로써 당신이 이제까지 존재한다고는 꿈에도 생각지 않았던 그런 기회를 포착할 수가 있을 것이다. 그러나 성공하기 위해서는 정신적인 지각에 대한 것을 알고 있는 이상으로 적극적인 마음가짐을 갖는 것이 중요하다.

또 당신은 당신이 배운 것을 실행하는 것도 배우지 않으면 안된다. 행동이 중요한 것은 행동함으로써 당신이 계획한 일을 완수할 수가 있기 때문이다. 그러기 위해서는 기다릴 필요 같은 것은 조금도 없다. 다만 자신에게 행해진 일을 완수하는 법을 잘 파악하고 있으면 되는 것이다.

▶ **언제나 사물을 주시하고 보는 눈을 기르는 법칙**
⇒ 성공하기 위해서는 마음으로부터 보는 눈을 가져야 한다.

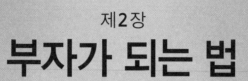

제2장

부자가 되는 법

나는 건강하다. 행복하다. 상쾌하다.
행복하고 만족해하고 있는 사람들은 자기 마음을 컨트롤할 줄 안다.
그들은 처해 있는 상황에 대해 적극적인 태도를 취한다.
자기의 재능을 살려 남에게 즐거움을 주는 것에 만족하라.

부자가 되는 지름길

'부Wealth의 지름길'이란 과연 가능한 것일까? 그것은 보통의 순서에 의해서보다도 보다 간접적으로, 보다 신속하고 정확하게 어떤 일을 해내는 방법을 말한다. 따라서 보통의 방법보다도 더욱 '직접적인 길'을 의미한다.

그러므로 지름길을 취하는 사람은 그 목적지를 알고 있으므로, 그가 부딪치는 장애라든가, 불행을 이겨 나가야만 목적지까지 도달할 수 있다.

클레멘트 스토운이란 세일즈맨이 여러 해에 걸쳐서 성공의 원칙에 대하여 강의하거나, 교수하거나 또는 교육 등을 해 왔다. 그 코스의 명칭은 적극적인 사고, PMA(Positive Mental Attitude: 성공의 과학)라고 부르고 있다.

그 성공의 17원칙을 열거해 보면 다음과 같다.

1. 적극적인 마음가짐PMA

2. 목적을 명확히 할 것

3. 덤bonus을 붙일 것

4. 정확한 사고

5. 자기 규율을 세울 것

6. 지도력

7. 올바른 신앙심

8. 남이 좋아하는 성격

9. 자발성

10. 성심 성의껏 열심히

11. 조절된 주의력

12. 협동심

13. 실패에서 배울 것

14. 창조적인 비전

15. 시간과 돈의 예산을 세울 것

16. 건강의 유지

17. 우주 습성의 힘의 이용

우리가 여기에서 17가지의 성공의 원칙을 알아보는 것은 당신에게 부의 지름길을 제시하려는 생각이기 때문이다. 우리는 당신에게 가장 직접적인 방법을 써서 성공에의 지름길을 가는 것을 원하고 있기 때문이다.

그런데 여기서 알아 두어야 할 것은 직접적인 방법을 취하기 위해서 적극적인 마음가짐을 가질 필요가 있다. 그리고 적극적인 마음가짐은 앞에서 열거한 열일곱 가지의 성공의 원칙을 적용하는 데서 생기는 것이다. 생각한다는 말은 하나의 상징이다. 당신에게 있어서의 그 의미는 당신이 누구인가에 따라서 달라질 수도 있다.

그렇다면 당신은 누구인가? 당신은 당신의 육체, 유전, 의식과 잠재의식, 경험, 시간, 공간에 있어서의 특정한 위치와 방향, 그리고 기지와 어떤 기지의 힘을 포함한 그 밖의 무엇인가의 소산이다.

만일 당신이 적극적인 마음가짐을 생각할 때에는 당신이 열일곱 가지 원칙에게 영향을 주어서 이용하고, 조절하면서 조화시킬 수 있다.

그러니까 당신만이 당신을 위해 생각할 수 있다. 당신에게 있어서 부의 지름길은 다음의 말로 상징되고 있다.

"적극적인 마음가짐으로 부를 만들어야 한다."

▶ **부를 향한 마음의 법칙**
⇒ 할 수 있다고 믿으면 그것은 가능하다.

부를 대하는 마음자세

당신이 누구이든 당신의 연령이라든가 교육이라든가 직업이라든가에는 전혀 관계없이 당신은 부를 끌어당길 수가 있다. 당신은 또 그것을 배척할 수도 있다. 그러니까 우리는 다음과 같이 말할 수가 있다.

"부를 배척하지 말고 끌어당겨라!"

여기는 당신에게 돈을 만드는 방법을 가르치고자 한다.

당신은 부자가 되기를 원하고 있지 않은가? 진지하게 대답해 주기 바란다. 물론 당신은 원하고 있을 것이다. 그렇지 않다면 부자가 되는 것이 두려운가?

아마도 당신은 부를 손에 넣으려고는 하지 않을지도 모른다. 만일 그렇다면 반신불수가 되어서도 PMA를 갖고 소시지 장사로 성공했던 밀 C. 존스의 예를 들어 보자. 또는 만일 당신이 병원에 입원하고 있는 환자라면 다음에 서술하고 있는 조지 스테페크가 실천한 것처럼 공부하고 생각하고 계획하는 시간을 가짐으로써 자기 주위로부터 부를 끌어당길 수가 있을 것이다.

어떤 환경에서라도 생각하도록 노력해야 한다

우리는 성공한 사람들의 이야기를 들을 때마다, 그들의 성공의 실마리가 그들이 자기 개념을 위해서 책을 손에 넣은 날로 거슬러 올라가야 된다는 것을 발견했다.

책의 효용을 과소평가해서는 안 되며 어쩌면 책은 당신을 대담한 새 계획으로 몰아넣을 수가 있다. 그리고 계획에 따르기 마련인 어두운 날을 밝게 비출 수 있는 인스피레이션을 공급해 주는 도구이다.

조지 스테페크는 하이네 베레탕 병원에 입원하고 있었는데, 그는 우연히 생각하는 시간의 가치를 발견하게 되었다.

조지는 아무것도 가진 것이 없었다. 입원하고 있는 동안 시간은 한가할 만큼 많이 있었지만, 읽거나 생각하거나 하는 것을 제외하면 그 외에 아무 일도 할 것이 없었다. 그런데 그는 '생각하라, 그러면 부자가 될 수 있다'라는 책을 읽고 성공을 위한 마음의 준비를 하게 되었다.

그의 머리에 어떤 아이디어가 떠올랐다. 많은 세탁소에서 새로 다려진 와이셔츠를 모양이 흐트러지거나 주름이 잡히지 않도록 두꺼운 종이로 싸고 있다는 것을 알고 있었다. 2~3개 세탁소에 편지를 내어 알아본 결과, 클리닝 집에서 이 종이봉투를 1,000장에 4달러씩

주고 사서 쓰고 있다는 것을 알았다.

그의 아이디어란 이 종이봉투를 1,000장에 1달러로 판다는 것이었다. 그 대신 어느 봉투에나 광고를 게재하는 것이다. 물론 광고주는 광고료를 지불하고 조지는 그것으로 이익을 올리게 되므로 남보다 적은 돈을 받더라도 유지가 가능하다고 생각했다.

조지는 이와 같은 아이디어를 생각해 내고 그 실현을 서둘렀다. 병원에서 퇴원하자 그는 곧 실천에 옮겼다. 그것은 새로운 광고 분야로써 그것대로 여러 가지 문제가 있기는 했지만 그러나 그는 사람들이 시행착오라 부르고, 우리가 시행 성공이라 이름 붙임으로써 효과를 갖는 입원 중에 몸에 뱄던 습관을 여전히 지켜 나갔다.

그의 사업이 급속히 번창하고 있을 때에도 그는 서비스 효과를 더욱 증가시킴으로써 매상을 높이려 노력했다. 와이셔츠의 포장지는 그 속에서 와이셔츠를 일단 꺼내면 손님은 그것을 내버리는 것이 보통이었다.

그래서 그는 다음과 같은 질문을 가지고 자신에게 물어 보았다.

"어떻게 하면 광고가 붙은 이 종이봉투를 가정에서 언제까지나 보존시켜 둘 수가 있는 것일까?"

과연 그는 어떻게 했을까? 종이봉투 한쪽 면에는 이제까지와 같이 흑백으로, 또는 색도를 넣어 광고를 인쇄했다. 그리고 다른 한쪽 면에 새로운 고안을 했던 것이다. 가령 어린이들을 위한 재미있는 게임이라든가, 주부들을 위해서는 맛있는 요리법이라든가, 온 가족을 위해서의 주말여행 안내, 또는 가족들이 함께 즐기는 게임놀이 등을 인쇄했던 것이다.

조지의 술회에 따르면 어떤 남자가 클리닝 값이 갑자기 까닭도 없이 많이 지출된 것을 이상하게 여기고 알아보았다. 그랬더니 그 부인은 조지가 인쇄해 넣은 요리법을 좀 더 많이 손에 넣기 위해 아직 맡기지 않아도 좋은 와이셔츠를 자꾸 클리닝하려 내놓고 있었다는 것이다.

그러나 조지는 여기서 그치지 않았다. 그는 좀 더 야심적이었으므로 그 사실을 더욱 펼치려고 생각했다. 그래서 그는 이번에도 자신에게 물어 보았다.

"어떻게 하면 그걸 할 수 있겠는가?"

그리고 이번에도 대답을 찾아낼 수 있었다.

조지 스테페크는 클리닝 가게에서 받은 1,000장에 대한 1달러의 돈을 전부 아메리카 클리닝업 협회에 기부했다. 그러자 협회에서는 그대로 조지의 와이셔츠용 종이봉투를 독점적으로 사용하여 조지의 일을 도와주라고 협회원들에게 권유하게 되었다.

이렇게 해서 조지는 좋고 마음에 드는 것을 많이 주면 줄수록 당신도 보다 많은 것을 손에 넣을 수가 있다고 하는 또 하나의 중요한 사실을 발견했던 것이다.

생각하고 그것을 메모하는 습관을 길러야 한다

조지 스테페그에게는 주의 깊게 계획된 생각을 할 수 있는 병상의 시간이 막대한 부를 가져다주었던 것이다. 그 뛰어난 아이디어가 떠오른 것은 조용한 환경에 있을 때였다. 시끄러움 속에서야말로 뛰어난 자아가 발견된다고 하는 그릇된 생각을 가져서는 안 된다. 또 생각하는 시간을 갖는 것은 시간을 낭비하고 있는 것이라는 생각은 금물이다. 사색은 그 위에 다른 모든 것들이 짜이는 토대이기도 한 것이다.

그러나 뛰어난 행동을 충동시키는 책을 읽거나 그것을 읽고 나서 생각하거나 하는 습관을 붙이기 위해서 당신은 병원에 입원하거나 할 필요는 없다. 또 생각하거나 공부하거나 계획하거나 하는 시간도 대단히 긴 시간을 필요로 하지 않는다. 공부하거나 생각하거나 계획하거나 하는 시간의 고작 1%만 빌어도 당신의 목표에 도달하는 스피드에 놀라운 성과가 나타날 것이다.

당신의 하루를 정확히 계산하면 1,440분이다. 이 시간의 '1%를 연구하고 생각하고 계획하는 시간으로 써라.' 그러면 당신은 이 시간이 당신을 위해 어떤 일을 해주는가에 반드시 놀랄 것이다. 왜냐하면 당신이 일단 이 습관을 몸에 붙이면 언제 어떤 곳에 있거나 식사를 하고 있을 때이든, 버스를 타고 있을 때이든, 목욕을 하고 있을 때이든 항상 건설적인 아이디어가 생기는 데 깜짝 놀랄 것이기 때문이다.

토머스 에디슨과 같은 천재는 인류가 이제까지 발명한 것 중에 가장 위대한 발명을, 가장 간단한 두 가지 도구인 연필과 종이를 잊지 않고 활용함으로써 이룩하였다. 에디슨이 한 것처럼 이 방법을 이용하여 아침이나 낮이나 머리에 떠오른 아이디어를 기록하는 것이다.

부를 끌어당기는 또 하나의 필요조건은 자기 목표를 세우는 방법을 배우는 일이다. 이것을 이해하는 것은 당신에게 매우 중요한 일이다. 비록 그 사람이 이 일의 중요성을 인식하고 있었을 경우라도, 목표를 설정하는 방법을 정말로 이해하고 실행하고 있는 사람은 극히 드물기 때문이다.

목표를 설정해야 한다

당신의 마음에 간직해 두어야 할 중요한 일이 네 가지 있으므로 그것을 열거해 본다.

▶ 첫째로는, 당신의 목표를 적어 보자. 그렇게 함으로써 당신의 생각이 구체화된다. 쓰면서 생각하는 것은 당신의 기억에서 사라지지 않는 인상을 남기는 것이 된다.

▶ 둘째로는, 당신의 목적을 달성할 때의 기한을 분명히 하자. 이것은 당신의 목표를 향해 출발하여 계속 걷도록 당신을 움직이게 하는 점에서 중요한 일이다.

▶ 셋째로는, 기준을 높은 곳에 둘 것이다. 목표를 달성하는 일의 용이함과 당신의 동기의 강함과의 사이에는 직접적인 관계가 있는 것같이 생각된다. 일반적으로 말해서 당신의 주된 목표를 높은 곳에 두면 둘수록 그것을 달성하기 위해서 하는 노력은 집중적인 것이 된다.

▶ 넷째로는, 높은 것을 지향해야 한다. 인생에 있어 높은 것을 지

향하여 성공과 번영을 구하기 위해 필요로 하는 노력은 불행과 빈곤을 받기 위해 필요로 하는 노력보다도 결코 많은 것은 아니므로 노력해야 한다.

이제부터 당신은 용기를 내어 현재 당신이 가치 있다고 생각하는 것보다도 더 많은 가치를 인생으로부터 구해야 될 것이다. 왜냐하면 인간이란 그들 위해 부과된 요구에 합치되도록 향상해 나가는 경향이기 때문이다.

첫걸음이 중요하다

목표를 결정한 다음에 중요한 것은 행동으로 나타내는 일이다. 찰스 필리피아 부인(63)은 뉴욕에서 플로리다의 마이애미까지 걸어갈 계획을 세우고 드디어 그것을 실현했다.

그래서 그녀는 신문기자와 인터뷰했다.

기자들은 그와 같은 긴 도보 여행을 한다고 생각한 것만으로도 '어떻게 대단한 용기를 가질 수가 있을까.' 하고 물었다.

"첫걸음을 내딛는 데에 용기는 필요 없어요."

필리피아 부인은 대답했다.

"그리고 내가 한 것은 그뿐입니다. 나는 한 걸음을 내디뎠습니다. 그리고 다음에 또 한 걸음을 내디뎠습니다. 그리고 또 한 걸음, 또 한 걸음 이렇게 해서 드디어 여기까지 도착하게 된 것입니다."

그렇다. 어느 계획에 돌입하더라도 당신은 그 첫걸음을 내딛지 않으면 안 되는 것이다. 당신이 얼마만큼 생각하거나 공부하거나 하는 시간을 많이 잡을까 하는 것은 문제가 아니다. 실천이 그와 함께 수반되지 않으면 그와 같은 일은 아무리 계획이 원대할지언정 아무런 소용이 없을 것이다.

NMA(소극적인 마음)은 부를 배척한다

적극적인 마음가짐은 부를 끌어당기지만 소극적인 마음가짐은 그 반대의 결과가 나올 것이다.

적극적인 마음가짐을 가지고 있으면 당신은 찾고 있는 부를 손에 넣을 때까지 계속 노력할 것이다. 지금 당신은 적극적인 마음가짐으로 출발하여 첫걸음을 내디디려 하고 있다.

그러나 당신이라 하더라도 당신의 소극적인 면에 의해서 영향을 받아, 목적지에 도달하기 바로 한 걸음 앞에서 그만 멈추어 버리는 일이 없다고 말할 수 없다. 성공의 열일곱 가지 원칙 중의 하나를 쓰는 데 실패할지도 모른다.

그 좋은 실례가 다음의 이야기이다.

가령 그 사람을 오스카라 부르기로 하자. 무덥던 여름이 지난 어느 날, 그는 오클라호마시의 정거장에서 내렸다. 거기서 그는 몇 시간 후에 있을 동부행의 기차를 기다려야 했다. 그는 찌는 듯한 더위가 계속되는 서부의 사막 속에서 수개월이나 지내 왔던 것이다. 그는 어떤 동부의 회사를 위해 석유를 찾고 있었다.

오스카는 매사추세츠 공과대학 출신으로, 석유 매장량을 발견하기 위해서 광맥 탐지기를 개량하여 새로운 장치를 가지고 있었다.

지금 오스카는 그가 근무하고 있는 회사가 파산했다는 기별을 받았던 것이다. 파산의 원인은 사장이 회사의 거액의 현금을 주식시장에서 투기로 유용했다는 데 있었다. 주식시장은 대공황(1929년)으로 말미암아 전부 무너지고 말았다.

이런 상황으로 오스카는 집으로 돌아오는 도중이었다. 그는 직업을 잃었으므로 앞날이 아무런 희망도 없는 것같이 보였다. NMA의 힘이 그에게 강력한 영향을 미치기 시작했다.

그는 몇 시간 동안을 역에서 기다리지 않으면 안 되었으므로 가지고 있던 그의 장치를 역 안에서 꾸며 보리라 마음먹었다.

그런데 그것이 좀처럼 생각대로 잘되지 않았다. 화가 치민 오스타는 그 장치를 발로 차서 드디어 그것을 망가뜨리고 말았다.

"석유 따위는 똥통에 빠져 버려라!"

그는 화가 치미는 듯 되풀이해 이렇게 소리쳤다.

그는 욕구 불만이어서 소극적인 마음가짐의 영향 아래 있었다. 이제까지 그 때문에 그에게 찾아온 기회는 바로 그의 발밑에 있었던 것이다. 그것을 붙잡으려면 오직 한 걸음만 더 디디면 되는 일이었다. 그러나 NMA의 영향 탓으로 그는 그것을 인정하기를 거부했던 것이다.

이런 사건으로 그는 석유 탐지에 관한 자기의 발명품에 자신을 잃고 있었다. 만일 그가 PMA의 영향 아래 있었다면 그것을 부정하지 않고 인정하려고 노력했을 것이다.

따라서 신념을 갖는다는 것은 성공의 17원칙의 하나이다. 당신의 신념을 테스트하는 방법은 가장 필요로 할 때에 그것을 쓸 수 있느냐의 가부를 결정하는 일에 있다.

NMA는 오스카를 그가 믿고 있던 일이 잘못되어 있다고 믿게 하는 방향으로 이끌고 갔던 것이다. 당신도 기억하겠지만, 큰 불경기는 많은 사람의 마음속에 공포 관념을 심어 놓는다. 오스카도 그중의 한 사람이었다.

이제까지 그처럼 그 가치를 실증해온 기계도 한낱 쇠부스러기와 마찬가지로 되었고 오스카는 그만 소극적인 마음가짐으로 욕구불만이 되어 있었던 것이다.

그날 오스카는 오클라호마시의 정거장에서 열차에 올라탔을 때 망가진 그 석유 탐지기도 버리고 말았다. 그리고 최대의 석유매장지와는 영구히 작별했을 것이다.

그 후 얼마 안 되어 오클라호마시는 문자 그대로 석유 위에 떠 있는 땅이 되었다. 오스카는 다음과 같은 두 가지 원칙 적용의 산 실례가 된 것이다. 적극적인 마음가짐은 부를 끌어당기지만, 소극적인 마음가짐은 부를 배척한다.

저축에 힘써야 한다

이런 말을 듣는다면 당신은 이렇게 반문할지도 모른다.

"적극적인 마음가짐이나 소극적인 마음가짐에 대해 말하고 있는 이러한 일의 모두는 100만 달러를 만드는 능력이 있는 사람에게는 대단히 좋은 일이겠지요. 그러나 그런 환경에 있지 않은 나에게 100

만 달러를 만드느니 하는 것은 어림없는 일입니다."

"물론 나도 경제적 안정은 바라고 싶습니다. 좋은 생활도 하고 싶고, 퇴직하고 나서 필요한 것을 마련하고 싶다고 생각합니다. 하지만 내가 일개의 샐러리맨이라면 어떻게 합니까? 그리 대단치도 않은 급료를 받고 있다면 그건 불가능한 일이 아닐까요."

이에 대한 우리의 대답은 다음과 같은 것이다.

어떤 사람이라도 재산을 손에 넣을 수가 있다. 경제적 안정을 보유하기에 그치는 재산뿐만 아니라 부자가 되는 데 충분한 재산도 모을 수가 있다. 그러기 위해서는 당신의 마스코트인 PMA의 영향이 당신에게 작용하도록 하기만 하면 된다.

이것이 가능하다는 것을 증명해 보이겠다. 그리고 만일 당신이 아직 충분히 납득되지 않았다면 '바빌론의 최대의 부호'라는 책을 읽으라고 권유하겠다. 그리고 충분히 납득한 그 다음에 첫걸음을 내디뎌 주기 바란다.

계속 걸어서 당신이 구하는 재산이라든가, 경제적 안정을 손에 넣을 때까지는 어떤 경우라도 발을 멈추어서는 안 된다. 오즈번이 취했던 것도 바로 그것이었다.

오즈번의 직업은 샐러리맨이었는데 그럼에도 불구하고 많은 재산을 손에 넣었다. 그런 결과를 위해 오즈번이 썼던 원칙은 대단히 뚜렷한 것이었다. 그것은 누구의 눈에도 보이지 않았고 오즈번의 마음속에서 일어났던 것이다.

그가 사용했던 그 원칙, 그리고 당신도 쓸 수 있는 원칙은 겨우 몇 마디 말로 나타낼 수 있다.

'바빌론의 최대의 부호'를 읽고 있는 사이에 오즈번은, 재산이란 다음과 같은 일을 함으로써 손에 넣을 수가 있다는 것을 발견했다.

1. 당신이 손에 넣은 1달러 중에 10센트를 저축할 것.
2. 6개월마다 당신의 저축이나 이익금 중에서 그에 따른 배당금을 투자할 것.
3. 투자하는 데 있어서는 안전한 투자를 위해서 전문가의 어드바이스를 구하고, 도박 같은 것을 해서 원금을 잃는 그런 어리석은 일은 하지 말 것.

오즈번이 한 것은 바로 이것이었다. 이것을 잘 생각하자. 오즈번의 경우처럼 당신은 당신이 손에 넣은 1달러 중에서 10센트를 저축하고 그것을 안정하게 투자함으로써 경제적 안정이나 재산을 손에 넣을 수가 있다.

언제 시작하면 좋을까? 지금 곧 시작하는 것이다.

그럼 오즈번의 경험과, 몸도 튼튼하고 사람을 분발시키는 책을 읽고 있던 어떤 사람의 경험을 비교해 보자.

그가 나폴레옹 힐을 만났을 때 그의 나이는 50세였다.

지금부터라도 늦지는 않다

이 사람은 이렇게 말하고 미소 지었다.

"나는 당신의 '생각하라, 그러면 부자가 될 수 있다'는 책을 몇 해 전에 읽은 일이 있습니다. 그러나 나는 지금도 부자는 아닙니다."

그 말을 들은 나폴레옹 힐은 진지한 얼굴로 이렇게 대답했다.

"그러나 당신은 부자가 될 수 있을 것입니다. 당신의 미래는 지금부터입니다. 당신은 부자가 되기 위해 준비하지 않으면 안 됩니다. 그리고 당신이 그 기회를 위한 준비를 하기 위해서는 먼저 적극적인 마음가짐을 가지고 있지 않으면 안 됩니다."

이 사람은 저자의 이 충고를 머리에 담아 두었다는 것이다. 그것은 지금으로부터 5년 전의 일이었다. 그는 아직 부자가 되어 있지는 않았지만, 지금은 적극적인 마음가짐을 몸에 지니고 부자가 되어 가는 길에 서 있다.

그러한 증거로 그에게는 수천 달러의 부채가 있었는데, 지금에 와서는 그것을 깨끗이 청산하고 저축한 돈으로 투자를 하려고 하고 있다.

지금에서야 그는 PMA를 가진 사람이 되었다. 그의 마스코트인 PMA 측이 그에게 영향을 주고 있었을 때에 그는 자기 도구가 나빠서 불평만 하고 있는 직공과 같았다.

이제까지 당신은 자기 도구에 대해 불평을 말한 일이 있는가?

만일 당신이 아주 좋은 카메라를 가지고 있어 적당한 필름을 쓰고 카메라의 조절도 잘못하지 않았는데, 다른 사람은 그 카메라로 완전한 사진을 찍어 내고 있고 당신은 실패했다고 하면 그것은 대개 어디에 결함이 있었을까? 카메라에 결함이 있는 것일까? 설명서를 읽었지만 그것을 잘 이해하고 있지 못했을까? 또는 이해하고 있었지만 설명서대로 하지 않았을까?

이런 경우와 마찬가지로 당신의 인생 전 코스를 바꿀 수가 있는 그런 책을 이미 읽고는 있었지만, 그것을 이해하고 소화하고 그 원칙을 배워서 적용하는 수고를 아끼지 않았던 일도 있을 수가 있다.

지금이라도 배우는 데 너무 늦은 것은 아니다. 이제까지 배우지 않았다면 이제부터라도 배울 수 있다. 당신은 그 원칙을 알고 이해하지 않으면 성공할 수 없을 것이며, 그것을 적용하지 않으면 성공하는 일은 불가능할 것이다.

그러니까 당신이 이 책에서 지금 읽고 있는 것을 이해하고 적용하기 위해서는 아무래도 시간이 걸려야 할 것이다. 그러면 PMA가 당신을 도와줄 것이다.

우리는 PMA로 재산을 끌어당기라고 말한다. 그렇지만 당신은 돈을 만드는 데는, 돈이 필요한데 나에게는 한 푼의 돈도 없다고 말할지도 모른다. 이것이 소극적인 마음가짐이다. 좀 더 관심을 갖고 이 책을 읽기 바란다.

▶ **부를 얻기 위한 일반적인 법칙**
⇒ 연구하고 생각하고 계획하는 시간을 가져야 한다.

불만감을 만족감으로 이끌어야 한다

과연 우리에게 만족할 수 있는 직업이란 어떤 것일까? 당신의 직업이 경영자이든, 종업원이든, 공장장이든, 공장 노무자이든, 의사이든, 간호사이든, 교사이든, 학생이든, 무엇이든 상관없이 당신의 직업에의 만족을 발견하는 것은 당신이 그 직업에 종사하고 있는 한 당신 자신에게 달려 있다.

그렇다면 당신도 할 수 있는 일이다. 만족은 마음가짐이다. 당신 자신의 마음가짐은 당신이 소유하여 완전히 지배할 수 있다. 당신은 자기 직업에서 만족을 찾을 결심을 하고 그러기 위한 방법을 찾아낼 수가 있다.

소망하던 직업, 즉 원하던 직업은 자연스런 태도를 취할 수 있고 애착도 느낀다. 이런 경우에서는 만족을 찾기 쉽다.

원하지도 않았는데 어쩔 수 없이 택한 직업의 경우는 정신적·감정적 갈등이나 욕구 불만 등이 따르게 된다.

그러나 PMA를 살려 자기의 직업에 만족하고 숙달하기 위해서 경

험을 쌓는 기분을 불러일으키며 그러한 갈등이나 욕구 불만을 희석
시키는 가운데 충분히 극복할 수가 있다.

즐거운 마음으로 일해야 한다

젤리 아삼은 적극적인 사고PMA를 가지고 있었으며 자기 일을 사
랑하고 있다. 곧 자기 직업에서 만족을 얻고 있다. 젤리는 하와이 왕
가의 자손으로, 그가 마음으로부터 사랑하고 있는 직업이란 것은 국
제적인 큰 회사 하와이 사무소의 세일즈맨이었다.

젤리가 자기 일을 사랑하고 있는 것은 자기 일을 잘 알고 있었으
며 이미 숙달되어 있기 때문이다. 따라서 그가 하고 있는 일에는 무
리가 없었다. 그러나 이러한 젤리에게도 무엇인가 바람직하지 않은
날이 있었다. 세일즈의 일에서는 이와 같은 날이 곤란을 극복하고
PMA를 잃지 않도록 하면 막을 수가 있다. 그래서 젤리는 일하고 싶
은 기분을 내주고 기운을 불러일으키는 책을 읽었다.

젤리는 책에 쓰여 있는 교훈을 믿고 실천했다. 그리고 그것을 스
스로 실험해 보았던 것이다. 그는 회사의 판매 매뉴얼을 연구하고
실제 판매 활동에서 배운 것을 실천으로 옮겼다. 그는 목표─높은 목
표─를 설정하고 그것을 달성했다.

그리고 아침마다 자기 자신에게 이렇게 타이르는 것이다.

"나는 건강하다. 행복하다. 기분이 상쾌하다."

실제로 그날의 그는 건강하고 행복하고 기분이 상쾌했다. 따라서
그의 판매 성적도 상쾌 그 자체였다.

세일즈의 일에 자신을 가지게 되자, 젤리는 세일즈맨들을 모아 그가 공부한 대로 교육하게 되었다. 훈련은 회사의 훈련 매뉴얼에 제시되어 있는 가장 새롭고 가장 뛰어난 판매 방법을 써서 행하게 되어 있다.

그는 그들을 하나씩 데리고 나와서 올바른 방법을 쓰고 계획을 세워 PMA로 매일 어프로치(approach: 접근)하면 세일즈가 쉽게 달성하도록 가르쳤다.

젤리의 그룹은 아침마다 모여 전원이 달성하도록 가르쳤다.

"나는 건강하다. 나는 행복하다. 나는 기분이 상쾌하다."

큰 소리로 외친다. 그러고 나서 다 같이 웃고 어깨를 두들겨 주며 서로 격려하고 저마다 그날의 판매 할당을 달성하기 위해 나간다. 그들이 내거는 목표는 국내 제일의 노련한 세일즈맨이나 세일즈 매니저가 깜짝 놀랄 만큼 높이 평가받는 것이다.

이런 하루하루가 지나 각 주말에 세일즈맨은 전원 젤리의 회사 사장이나 세일즈 매니저를 기쁘게 하는 판매 보고서를 내고 있었다.

과연 젤리와 그 부하는 자기들의 직업에 행복을 느끼고 만족을 맛보고 있는 것일까? 정말 그들은 만족하고 있다.

다음에 그 이유를 몇 가지 들어보자.

1. 그들은 자기들의 일을 충분히 연구하고 있으며 법칙이나 기술, 응용 방법을 잘 알고 이해하고 있으므로 자기들이 하고 있는 일에 자연스럽고 만족할 만한 느낌을 가지고 있다.

2. 목표를 확고하게 정하고 그것을 달성할 수 있다고 믿고 있다.

3. 자기의 마음을 움직여 적극적인 마음가짐을 가지고 활동하고 있다.

4. 성과가 좋으니까 일에 만족을 느낀다.

일에 대한 마음자세

젤리 아삼과 그의 부하인 세일즈맨들에게 그들의 직업에 대한 만족을 찾아내게 한 것도 모두가 마음가짐 그것뿐이었다.

문득 당신의 주변을 살펴보자. 그리고 자기 일에 만족하고 있는 사람과 만족하고 있지 않은 사람을 비교해 보자. 그들의 장단점은 무엇일까?

행복하고 만족해하고 있는 사람들은 자기 마음을 컨트롤할 줄 안다. 그들은 처해 있는 상황에 대해 적극적인 태도를 취한다. 그리고 좋은 것을 찾고 좋지 않은 것이 있으면 우선 자기 스스로가 어떠한 경우인지를 확인한다. 그들은 자기 일에 대해 열심히 연구하므로 그만큼 일에 숙달하고 자기 자신은 물론이요 경영자에게도 보다 만족감을 느끼게 하는 일을 할 수 있게 된다.

그러나 불행한 사람은 NMA가 그들의 마음을 지배하고 있다. 마치 자기 스스로 불행해지고 싶다고 바라고 있는 느낌이다. 무엇이든 불가능하다고 믿고 있으며 가능하지 않은 것을 찾고 있다.

근무시간이 너무 길다든가 점심시간이 너무 짧다든가, 상사의 마음이 나쁘다든가 회사가 충분한 휴가나 보너스를 주지 않는다든가,

어느 것이든 불평불만의 재료가 된다. 또는 누구는 매일 똑같은 드레스를 입고 왔다든가, 누구는 읽기 힘든 글씨로 쓴다든가, 자기와는 아무 관계가 없는 것까지 투덜거린다. 이렇게 무슨 일이든 불만의 씨앗뿐이다. 따라서 그들은 자기도 모르는 사이에 불행한 삶을 누리는 인간이 되어 버린다.

어느 땐가는 그들도 멋진 성공을 거두는 일이 있다. 그러나 직업혹은 그 밖의 점에 있어서도 불행한 인간임에는 변함이 없다. 완전히 NMA에 휘말려 있다.

이것은 직업의 종류에 관계없이 마찬가지이다. 당신이 행복감과만족감을 찾고 싶다고 생각한다면 그렇게 될 수가 있다. 마음가짐을 컨트롤해서 마스코트를 소극적인 마음가짐에서 적극적인 마음가짐으로 뒤집어 행복을 낳게 하는 방법을 스스로 찾아야 한다.

행복과 열의를 가지고 일을 할 수 있다면, 당신은 다른 사람들이할 수 없는 일을 해낼 수 있을 것이다. 그러면 일이 즐거운 것이 되고 직업에 대한 만족감은 그의 미소에도 능률적으로 나타날 것이다.

명확한 목표를 세워야 한다

우리가 '성공의 과학—PMA'에 대한 강의 시간에 자기 일에 열의를 찾게 하는 법칙에 대해 서로 이야기하고 있을 때, 교실 뒷자리에 있던 젊은 여성이 손을 들었다. 그녀는 일어서서 이렇게 말했다.

"나는 제 남편을 따라 여기에 왔습니다. 여러분이 말씀하고 있는 것이 직장에서 일하는 사람에게는 맞을지 모르겠습니다만 가정주부에게는 맞지가 않습니다. 여러분은 매일 새로운 도전이나 흥미를 끄는 도전에 부딪치고 있겠지만 가사에는 그러한 일은 없습니다. 가사에 따르는 문제라고 하면 늘 같은 생활이라서 매일이 너무나 바보 같이 어리석게 느껴집니다."

이것이야말로 우리에게는 진짜 도전과 같이 생각되었다. 매일이 너무나 바보같이 어리석게 느껴지는 것은 직장에 나가 있는 사람에게도 많이 나타나기 때문이다.

이런 경우의 젊은 여성을 구제하는 방법이 발견되면 자신이 하고 있는 일이 매우 똑같다고 생각하고 있는 사람들도 구제할 수 있을지도 모른다.

무엇이 가사를 그와 같이 똑같은 하루로 만들어 버리는가를 물어보았다. 그러한 물음에 대한 답은 옷가지를 세탁하고 설거지를 하며 마루를 훔치고 그러한 일의 되풀이뿐이라는 대답이었다. 그녀는 진지한 얼굴로 이렇게 말했다.

"여러분에게 이런 일을 시켜도 할 턱이 없습니다."

"잘 안 될 겁니다."

강사도 그녀의 의견에 동의했다.

"그래도 가사를 즐겁게 돌보고 있는 여성이 있을까요?"

"물론 있다고 생각합니다."

"무엇 때문에 가사를 재미있다 생각하고 가사에 큰 관심과 열의를 잃지 않는 것일까요?"

그 젊은 여성은 잠깐 생각한 뒤에 이렇게 대답했다.

"아마도 그것은 일에 임한 태도 때문이라고 생각합니다. 그러한 여성은 자기 일을 하찮게 국한시켜 생각하지 않고 일상적인 것을 초월한 무엇인가를 보고 있는 것 같습니다."

이것이 그 강의의 핵심이 되었다. 직장에 만족을 느끼는 비결의 하나는 일상적인 것을 추월해 보는 것이다. 그것은 자기 일이 자기를 어디인가로 인도해주는 것을 아는 일이다. 이것은 당신이 가정주부이든, 총무과 경리든, 엔지니어이든, 큰 기업체의 경영자이든 어떤 경우에라도 마찬가지다.

일상의 잡스런 일을 주춧돌이라고 본다면 거기에 만족을 발견할 수 있으리라. 잡스러운 일의 하나하나가 각각 한 개의 주춧돌이요, 그것이 선택한 방향으로 인도해 주는 것이다.

일상생활에서 만족을 찾아야 한다

그 젊은 여성에 대해서는 정말로 달성하고 싶은 목표를 무엇인가 찾아내고, 매일 행하고 있는 정해진 가사가 그 목표 달성하는 일이라는 답이 나왔다. 그녀는 언제나 가족을 데리고 세계일주 여행을 하고 싶다고 생각하고 있었던 것을 고백했다.

"좋습니다."

강사는 말했다.

"그러면 그걸 목표로 하지요. 자기 스스로 기한을 결정해 주십시오. 언제쯤 떠나고 싶다고 생각하십니까?"

"우리 아이가 12세가 되었을 때입니다."

그녀는 말했다.

"즉, 지금부터 9년 후입니다."

"그렇기는 하지만 큰일이군요. 우선 돈이 듭니다. 또 바깥어른은 1년간 휴가를 받지 않으면 안 됩니다. 여행 계획도 세우지 않으면 안 됩니다. 방문하는 나라들에 대해서도 조사해 보지 않으면 안 되겠지요. 그런데 옷가지를 세탁하고 설거지를 하며 마루를 청소하는 것으로 목표를 달성하는 주춧돌로 여기는 방법을 발견해 낼 수가 있다고 생각되지 않으십니까?"

그 일이 있고 나서 몇 개월 후에 이 이야기의 여성이 우리 교실에 나타났다. 그녀가 교실에 들어온 순간 이미 그녀가 만족스럽게 생활하고 있다는 것을 알았다.

"인생에 주춧돌이 되지 않는 잡스러운 일은 하나도 없게 되고 말았습니다. 나는 청소 시간을 생각하거나 계획을 세우거나 하는 시간으로 사용하고 있습니다. 쇼핑 시간은 시야를 넓히기에 알맞은 시간입니다. 나는 여행 중에 먹게 될 여러 식품을 수입품으로 사도록 하고 있기 때문입니다. 식사 시간은 교육 시간으로 하고 있습니다. 계란이 든 중국 우동을 먹으려 할 때는 중국인에 대한 책을 읽어서 식사 때 그것을 가족에게 들려줍니다."

그러고 나서 다시 계속했다.

"앞으로 재미없는 일은 없습니다. 다시 그전처럼 따분하게 돌아가는 일은 없겠지요."

만일 당신의 직업이 아무리 단조롭고 따분하더라도 최후로 지향하는 어떤 목표가 있으면 그 직업은 당신에게 만족을 줄 수가 있다. 이것은 어느 직업이든 많은 사람에 대해서도 말할 수 있다.

어떤 젊은이가 의사가 되고 싶다고 생각하면 그렇게 되기 위한 학교 교육을 받지 않으면 안 된다. 그가 선택한 직업은 시간·개업장소·보수의 정도 등 많은 요인에 의해 좌우된다. 우선은 적성 같은 것은 문제가 되지 않는다.

이렇듯 소요되는 많은 요인 때문에 아무리 머리가 좋고 야심적인 젊은이라도 일생 동안 세차를 하거나 도랑을 파거나 하며 끝날지도 모른다. 직업은 맞서거나 자극을 주거나 해주지는 않는다. 다만 목적을 달성하기 위한 수단에 지나지 않는 것이다. 그것도 자기 희망대로 나가고 있는 것은 확실하니까 직업으로 인한 어떤 고생이 따르더라도 최종 결과는 그 사람이 만족할 만한 것이다.

때로는 주어진 직업에 지불하지 않으면 안 되는 희생이 지향하는 목표에 비해 너무 비쌀 수가 있다. 공교롭게도 그러한 직업을 갖게 되었을 때는 그 직업을 바꾸어야 한다. 비참한 생각으로 일하고 있으면 그 불만의 독소가 생활의 모든 면에 오염되어 버리므로 수습할 수 없는 지경에 이르는 것이다.

그러나 그 나름대로의 희생을 치러도 여전히 자기 직업이 싫어서 견딜 수 없을 때에는 번득이는 자극을 주는 불만을 길러야 한다. 불만이란 것도 조건 여하에 따라서 플러스가 되기도 하고 마이너스가 되기도 한다. 좋아질 수도 있고, 나빠질 수도 있다.

언제나 적극적인 마음가짐은 주어진 상황에 맞는 마음가짐이라는 것을 생각해야 한다.

불만의 의미를 깨달아야 한다

프랭클린 생명보험회사의 찰스 베이커 사장은 말한다.

"나는 타인에게 불만을 가지라고 권유하고 있다. 불만이라 해도 불평불만의 의미에서의 불만이 아니라, 세계의 온 역사를 통해 모든 참된 진보와 변혁을 낳게 하고 있는 성스러운 의미에서의 불만이다. 그러므로 만족하는 것은 금물이다. 끊임없이 자기 자신만이 아니라 자기를 둘러싼 세계를 개혁하여 완전한 것으로 만들고 싶다는 충동에 휘감기도록 하고 있는 편이 좋다고 생각한다."

이런 종류의 불만은 죄 많은 인간을 성자로, 실패를 성공으로, 빈곤을 부유로, 패배를 승리로, 불행을 행복으로 바꾸는 동기를 줄 수가 있다.

나폴레옹 힐은 말했다.

"어떠한 불운에도 그와 대등한 이익을 낳는 씨앗이 있다."

과거에 있어 심한 고생이나 불행한 경험으로 생각했던 것이 뜻하지 않게도 성공이나 행복을 지향하여 뻗치는 용기를 준다는 것은 믿을 만한 사실이 아닐까?

아인슈타인은 '뉴턴의 법칙'이 모든 문제에 해답을 주지 않는 것에 불만을 가지고 있었다. 그래서 그는 자연이나 고도한 수학에의 탐구를 계속해 드디어 '상대성 원리'를 발견했던 것이다. 그리고 이 이론을 기초로 해서 '세계의 원자를 파괴하는 방법'을 개발하며 '에너지를 물질로, 물질을 에너지로' 바꾸는 비밀을 알아내어 우주에 도전하고 정복하는 데 성공한 것이다.

이렇듯 경이적인 것은 어떤 것이든, 만약에 아인슈타인이 '번득임을 주는 불만'을 기르지 않았더라면 '상대성 원리'는 태어나지 않았을 것이다.

그러나 번득임을 주는 불만에서만이 세계를 바꾼다고는 할 수가 없다. 또 자기 세계를 바꾸어 자기가 가고 싶은 방향으로 나아가게 할 수는 있다. 클라렌스 란체가 자기 직업에 불만을 가졌을 때 그에게 어떤 일이 일어났는가를 얘기해 보자.

클라렌스 란체는 오랫동안 오하이오주 캔튼에서 시내 전차의 차장 노릇을 하고 있었다.

어느 날 아침, 그는 눈을 뜨자 자기가 하고 있는 지금의 직업이 싫다고 생각했다. 그는 직업상의 일은 똑같은 일의 되풀이였으므로 싫증이 나 있었다.

그렇다고 생각하면 생각할수록 불만이 점점 더해질 뿐이었다. 생각하는 것을 그만두려고 생각해도 머릿속에서 사라지지 않았다. 불만이 쌓여 강박 관념에 사로잡힐 것 같았다. 이때 클라렌스가 가슴에 품고 있던 불만은 대단히 강한 것이었다.

어떤 경우의 사람이든지 자기처럼 긴 세월을 시내 전차의 회사에 근무하고 있다면 누구나 불행하다고 생각할 것이라고까지 느껴지자 자기가 불행하다는 생각이 좀처럼 그의 머리에서 떠나지 않는 것이었다.

그런데 클라렌스는 적극적인 사고—PMA—성공의 과학의 강좌를 받고 있고, 가능하다면 어떤 직업에도 만족할 수 있다는 것을 배우고 있었다. 지금 그가 해야 될 일은 올바른 태도를 취하는 것이었다.

클라렌스는 일의 상황을 뚜렷이 파악하고 거기서 무엇을 할 수 있는가를 생각하기로 했다.

"어떻게 하면 일이 즐거워질 것인가?"

그는 자기 자신에게 물어 보았다. 그리고 아주 좋은 대답을 생각해냈다. 그 대답은 타인을 행복하게 해주면 자기도 행복해진다고 생각했던 것이었다.

그의 주위에는 행복하게 해줄 수 있는 사람이 너무나 많이 있었다. 왜냐하면 매일 전차 속에 많은 사람을 만나고 있었기 때문이다. 그는 언제나 아무하고도 쉽게 친구가 될 수 있는 성격의 소유자였기 때문에 이렇게 생각했다.

'이런 나의 특기를 살려서 전차를 타는 사람들의 나날을 조금이라도 명랑한 것으로 만들어 주면 어떨까?'

클라렌스의 생각은 훌륭한 것이었다. 그의 꾸밈새 없는 명랑한 인사는 그들을 대단히 즐겁게 해 주었기 때문이다. 따라서 그들이 즐거워하면 당연히 클라렌스도 즐거워졌다.

그러자 그의 감독자는 그와 반대의 태도를 취했다. 감독자는 클라렌스를 불러서 필요 이상으로 서비스하는 것을 그만두라고 경고했다.

그런 경우에도 클라렌스는 귀를 기울이지 않았다. 그 후에는 더욱 성의를 가지고 힘을 썼다. 그렇게 함으로써 그는 승객들과의 인간관계에 있어서 큰 성공을 거두고 있었다.

그러나 클라렌스는 그런 것을 경고하던 감독자에게 해고를 당한 것이었다.

클라렌스는 커다란 문제였지만 그것도 좋은 일이었다. 적어도 PMA-성공의 과학-강조에서 배운 바로는 그런 현상은 좋은 일을 이룰 수 있는 변화의 조짐이었다.

이렇게 된 이상 클라렌스는 나폴레옹 힐을 찾아가 이 문제를 어떻게 하면 좋은가, 그 이유를 분명히 밝혀 두는 편이 좋다고 생각했다. 그래서 그는 캔튼에 살고 있는 힐에게 전화를 걸어서 이튿날 오후에 만날 약속을 했다.

"선생님, 저는 '생각하라, 그러면 부자가 될 수 있다'라는 책을 읽고, PMA-성공의 과학-을 공부했습니다만 어디에선가 길을 잘못 든 것 같습니다."

그리고 나서 그는 나폴레옹 힐에게 자초지종을 얘기했다. 그리고 마지막을 이렇게 마무리 지었다.

"저는 지금 무엇을 하고 있는 것일까요?"

그의 물음에 나폴레옹 힐은 미소 지으며 말했다.

"당신의 문제를 잘 생각해 봅시다. 당신은 하고 있던 일에 불만을 가지고 있었습니다. 그래서 당신은 친밀한 성격인 당신의 재능을 살려 자신의 일에서 만족감을 얻음과 동시에 남에게도 만족을 주려고 한 셈이지요. 그러나 문제는 당신의 상사가 당신이 하고 있던 일을 바르게 보는 눈을 가지고 있지 않았다는 데서 생겼습니다. 그렇지만 그것은 훌륭한 일이었습니다. 왜냐하면 지금의 당신은 전보다 더 큰 목표를 위해 그 훌륭한 개성을 살릴 수 있기 때문입니다."

그리고 나서 나폴레옹 힐은 전차의 차장보다 세일즈맨이 되는 편이 그의 훌륭한 능력이나 사람이 따르는 그의 개성을 살릴 수 있다는 것을 클라렌스 란체에게 가르쳐 주었다. 그리하여 그는 뉴욕 생명보험회사의 세일즈맨으로서 직업을 얻었다.

직업을 바꾼 클라렌스가 최초로 방문하기로 작정한 첫 번째 손님은 그가 근무하고 있던 시내 전차회사의 사장이었다. 클라렌스는 그 신사에게 자기의 개성을 있는 그대로 드러내 보였다. 이윽고 그가 사무소에서 나왔을 때 10만 달러의 생명보험에 든 신규 가입서를 손에 쥐고 있었다.

마지막으로 힐이 란체와 만났을 때에는 그는 이미 뉴욕에서도 일류의 보험 세일즈맨이 되어 있었다.

환경에 맞추어야 한다

어떤 환경 속에서 당신을 행복하게 하거나 성공시키는 개성이나 재능, 능력은 서로 반대 작용을 미치게 하는 것이 있다.

감정이 나중에까지 남는 일을 마지못해 하거나 어딘지 모르게 마음에 들지 않는 일을 하고 있으면 당신은 '동그란 구멍에 네모진 나무못'이란 말을 듣게 된다. 이러한 불행한 입장에 놓여 있을 때는 직업을 바꿈으로써 즐거운 환경으로 옮길 수가 있다.

그러나 직장을 바꿀 수가 없는 경우도 있다. 그때는 당신의 개성·재능·능력에 맞도록 직장을 조정할 수가 있으니까 역시 즐겁게 일하게 될 것이다. 즉, 앞서 말한 동그란 구멍을 네모지게 한다는 것이다. 이 해결법은 소극적인 태도에서 적극적인 태도로 바꾸는 데 도움이 될 것이다.

그렇게 하고 싶은 소망을 끌어내어 계속 품고 있으면 당신의 습관을 없애거나 바꾸거나 하여 새로운 습관을 몸에 지닐 수 있게 되는 것이다

진심으로 그럴 생각이라면 정신적·도덕적 갈등에 견디는 각오를 해야 한다. 그만큼의 대가를 치를 의지가 있으면 갈등은 극복될 수 있다. 그러나 전부 지불하고 나면 새로이 몸에 지닌 특성이 눈에 띄게 될 것이다.

그렇게 되면 당신은 행복해질 수가 있다. 개운치 않은 감정이 나중까지 남게 되는 일 없이 원하고 있는 일을 하게 되기 때문이다.

적극적인 마음가짐으로 계획하고 있는 일에 성공하려면 내면에서의 싸움이 계속되는 동안 육체적·정신적·도덕적 건강을 유지하도록 노력할 필요가 있다.

▶ **직업에 불만을 가지고 있을 때 그것을 이겨내는 법칙**
⇒ 자기의 재능을 살려 남에게 즐거움을 주는 것에 만족해야 한다.

인생행로의 지표

　프랭크 보이드는 활동적인 삶에 대한 이상적인 본보기가 된다고 할 만한 인물이다.

그는 어떠한 곤란한 상황에 직면해서도 의연하게 자신의 나아갈 길을 개척하였다.

수년 전 그는 어떤 광산용 전기회사의 판매원이었다. 그때 그의 월급은 250달러였는데 어느 날 사장이 그를 불러서 말하였다.

"프랭크, 대단히 안 됐지만 이번에 전 사원의 봉급을 15퍼센트 정도 내리지 않으면 안 되게 되었네. 자네가 이해하게."

"아, 그러세요. 그러나 저도 대단히 미안한 말씀을 드려야 되겠습니다. 어쩌면 말씀대로 못 하게 될 것 같습니다."

"프랭크, 사원 전부란 말일세. 물론 내 급료도 15퍼센트 삭감하기로 했지. 그러지 말고 회사의 딱한 사정을 이해해 주게. 자네에겐 아마 아내와 어린 자식이 셋 있다고 들었는데 회사를 그만두고 어떻게 하려고 그러는가?"

"저도 좋아서 회사를 그만두겠다는 것이 아닙니다."

"물론 잘 알지. 그러니 그러지 말고 한 2~3일 잘 생각해 보게."

프랭크 보이드는 이틀 동안 곰곰이 생각해 보았지만 지금 받고 있는 월급을 삭감하는 데는 동의할 수가 없었다.

그는 항상 아내와 의논하여 한 푼도 에누리 없이 가계 예산을 세우고 있었기 때문에 월급이 깎이면 어떤 결과가 되리라는 것이 뻔했기 때문이었다.

월급의 15퍼센트란 가족의 한 달 의류비에 해당된다. 이것을 깎아서 앞으로 벌거숭이가 될 것을 각오해야 할 것인가? 또 월급의 10퍼센트는 교회와 그 밖의 여러 자선비나 기부금으로 지출하게 되어 있는 데 그것을 줄이기 또한 쉽지 않았다.

결국 보이드는 회사를 그만둘 도리밖에 없다고 생각하며 이를 악물었다. 그만둘 바에야 하루빨리 그만두고 다른 일자리를 찾아야 한다.

그는 회사에서 자신의 책상을 정리하면서, 이제부터 앞일을 생각하니 못내 섭섭하고 불안한 마음에 착잡하기 그지없었다. 너무나 급작스러운 일이었기 때문에 다시 어디로 가서 일해야 좋을지 전혀 머리에 떠오르지 않았고 다만 정신이 어지러울 정도로 아득하기만 했다.

특히 자기 하나만을 믿고 있을 처자식들을 생각하니 마음이 무겁기만 했다. 지금이라도 굽실거리며 사장에게 가서 사직서를 취하해 볼까 하는 마음도 들었다.

그러나 그는 그렇게 하지 않았다. 자존심이 허락하지 않을 뿐만 아니라 그동안 자신과 가족들의 평화로웠던 생활이 엉망으로 될지도 모를 일이었다.

지켜야 하는 선약

퇴근 시간이 되어 그가 사무실을 나오려고 할 때 뒤에서 그를 부르는 사람이 있었다.

"잠깐만요, 보이드 씨, 그랜드 씨한테서 온 전화입니다."

그랜드는 보이드의 옛 친구이자 경쟁회사의 판매 부서장이었다.

전화내용은 그랜드가 이번에 새로 물건을 팔기로 계약한 회사에 기계를 설치하여 주는 일로, 9개월 기한으로 매달 250달러(이것은 보이드가 받고 있었던 지금까지의 금액과 같은 액수이다.)로 일을 좀 보아 주지 않겠는가 하는 것이었다.

"자네가 말하는 조건과 같은 일이라면 더 말할 나위 있겠나. 그렇게 하지."

이리하여 보이드는 우선 9개월간의 일거리를 확보하게 되었다.

그러자 때마침 전화를 끊고 난 직후 보이드는 사장의 부름을 받았다.

"프랭크, 자네의 주장은 사실 옳았네. 내가 다시 생각을 돌려서 생각한 결과 500달러가 넘는 자에게만 월급을 감봉키로 했으니 자네는 안심해도 되겠네. 그리고 프랭크! 자네의 수완에 비하면, 지금까지의 월급이 너무 적은 것 같았으니 이제부터 300달러로 하겠네, 어떤가?"

보이드는 사장님의 호의는 고맙지만 방금 전 다른 곳과 이미 약속을 해 버렸으니 어쩔 수 없다며 설명했다.

"그것 참, 정말 아깝게 되었네. 그러나 먼저 한 약속은 지켜야 되니 내가 단념하기로 하지, 대신 다음 기회 있을 때에는 반드시 내 부탁을 들어주기 바라네."

그가 막상 다른 곳으로 떠난다 하니, 사장은 당황한 빛을 감추지 못하고 아까워했다.

확고한 자신감

9개월이라는 한시적인 일거리가 거의 끝날 무렵, 먼저 있던 회사로부터 보이드 앞으로, '얼마를 주면 다시 근무할 수 있는가?' 하는 전보가 날아들었다.

그리고 보이드는 약속한 기간을 무사히 마치고 월급이 100달러 인상된 조건으로 먼저 근무하던 회사에 돌아왔다.

그리고 일 년 후, 회사의 판매 실적이 또다시 악화되기 시작했다. 그러자 사장은 보이드를 불러들여 이번에는 다음과 같은 제의를 해왔다.

"프랭크, 자네가 판매부서 전체를 맡아 볼 생각이 있는가?"

"네. 할 수 있으리라 믿습니다."

사장은 지금까지 판매부장의 의견을 무시한 채 자신이 직접 판매에 간섭하는 습성이 있었다.

보이드는 사장과 회사의 판매 실적에 대하여 여러 가지 의견을 주고받고 자신이 잘 알고 있는 회사의 그릇된 여러 사례를 들어 자세히 설명하였다.

묵묵히 듣고만 있던 사장이 말하였다.

"자네의 그 개선 방법을 실행하는 데 회사로서는 자네에게 어떻게 대우를 해주면 되겠나?"

"연봉으로 1만 달러를 주십시오."

보이드는 태연히 대답하였다. 사장은 책상을 탁 치고 나서 껄껄 웃으며 말했다.

"자네의 그 자신감에는 정말 놀랄 수밖에 없군. 좋아, 그리고 다른 조건이라든가 더 바라는 것은 없는가?"

보이드는 이에 매우 진지하고 냉정한 어조로, 봉급은 1만 달러에서 단 한 푼도 에누리해서는 안 된다는 것과, 판매부서에 전적인 책임을 맡겨 주어야 한다는 것, 그리고 종전 자주 사장이 판매 부서장을 제쳐 놓고 간섭하던 습성을 없애고 각 판매원은 직접 부서장의 지휘와 명령을 받게 할 것 등을 말하였다.

"알았네. 좋아, 자네는 연봉 1만 달러와 전 책임을 맡아서 금후 일 년 동안 일하여 보게. 자네의 의견을 들어 보니 정말 자네는 이 일을 잘해 나갈 것으로 믿어지네. 그러나 내게도 요구할 조건이 없지는 않으니 우리 이렇게 하면 어떻겠나. 만일 자네가 지금부터 일 년 후에 하루의 평균 매상고를 현재의 2천 달러에서 4천 달러를 올리면 더 이상 말할 것도 없거니와 그렇지 못할 경우에는 자네는 벌거숭이가 된다는 것을 명심하게."

그렇게 하여 판매부가 보이드의 직접 지휘하에 일 년 동안 판매 실적은 사장이 지시한 액수를 훨씬 넘는 하루 평균 7천 달러를 돌파하고 그 후 더욱 눈부신 발전이 계속되었다. 동시에 그의 보수 또한 만족스럽게 늘어났음도 엄연한 사실이다.

성공자의 특유한 인생관

보이드는 자신이 원하던 판매 부서장이 되자, 창의성은 물론 주도면밀하고 효과적인 방법을 총동원해서 판매에 전심전력을 다하였다.

그는 우선 보너스 정책을 생각해 냈고 판매원은 판매 성적에 따라 특별 보너스를 받을 수 있도록 하였다.

그가 이 안을 제시하자, 사장은 바로 소리쳤다.

"판매원에게 보너스를 주다니, 터무니없는 소릴세. 그런 돈은 한 푼도 지불할 수가 없네!"

보이드는 사장의 완고하고 몰이해한 태도에 회의가 들었지만 그렇다고 바로 금방 물러설 사람은 아니었다. 그리하여 그는 머리를 짜내어 다른 방법을 생각해냈다.

이번에는 보너스안을 경쟁안으로 수정하여 판매액을 올린 자에게는 보너스가 아니라 상금을 주고 표창하는 형식을 취했다.

그로부터 열흘쯤 후 보이드기 이 안을 사장에게 보이자 사장은 자세히 검토한 후 말했다.

"이 안은 지난번 보너스안과 결국은 마찬가지 아닌가. 그러나 이 편이 조금은 나은 편이 되겠군. 자네가 굳이 해야만 된다고 생각하면 한번 시험 삼아 해보기로 하지. 상당한 출혈이 예상되지만 지난번 안보다는 부담도 적어질 것 같네. 다만 이것이 실패하여 결손을 내게 되면 자네는 각오를 해야 할 걸세."

상금과 표창제를 실시하자 회사의 분위기가 되살아나고 일 년에 1만 7천 달러의 순이익이 발생했으며 이 년 만에는 10만 달러의 이익을 얻었다. 노련한 판매원들의 월수입 또한 7에서 10퍼센트가 늘어났다.

말할 것도 없이 경쟁 제도는 회사 중역들 간에서도 환영을 받게 되어 지금에 와서는 항구적인 제도로써 인정받기에 이르렀다.

평범하고 안이한 사람이었다면 커다란 실망과 좌절에 빠지게 될 터임에도 불구하고 보이드의 결연한 태도는 어디에서 오는 것일까? 그리고 지난날의 낡은 관습을 타파하고 살아 있는 경쟁력으로 침체된 현실을 뚫고 나아갈 수가 있었던 저력은 무엇이었을까?

바로 긍정적이며 건설적인 명랑한 인생관.

곧 성공자의 특유한 인생관은 보이드의 특징이었던 것이다.

인생의 대가와 정가표

보이드는 여러 진로의 인생 문제를 펴 놓고 스스로 해답을 얻었다.

보이드는 자신이 바라는 지위를 얻기 위하여 치르지 않으면 안 될

대가를 생각하고, 그를 위해서는 한때의 고통스러운 노력은 당연한 것으로 생각했으며, 모든 두려움을 떨치고 이겨 나가기로 결심했던 것이다.

즉 보이드는 철저한 예산과 수입 및 지출계획서를 세우고 그에 따른 최소한의 금액은 얼마인지를 뚜렷이 알고 그에 따라 행동했던 것이다. 뿐만 아니라 한 번 약속한 일이라면 그 약속의 경중을 가리지 않고 자신은 물론 타인에게도 정확하게 지킨다는 신념을 가지고 있었다. 그렇기 때문에 어떤 어려움이 닥치더라도 본인이 마음먹은 대로 헤쳐 나갈 수 있었던 것이다.

다음에 제시하는 것들은 보이드 자신이 문제점을 가려내고 직접 해답을 내린 여러 항목들이다. 이를 이용하여 독자 여러분도 자신의 해답을 끌어내 접목시켜 본다면, 앞으로의 인생에 있어 여러 가지 중요한 문제와 현재의 자신을 명확히 깨닫는 데 도움이 될 것으로 믿는다.

다음에 열거하는 세 가지를 살펴보고 자신과 접목시켜 해답을 찾아보자.

제1-윤리와 도덕적인 삶

❶ 나는 무엇을 위해 태어났으며 어떠한 종교적 신념을 가지고 있는가.

❷ 나는 내 삶의 뚜렷한 목적을 가지고 있는가, 즉 앞날에 닥칠 2~3년 내지 10년 안에 달성시킬 목표를 명확히 말할 수 있는가.

❸ 친구나 동료, 윗사람에 대하여 얼마나 성실하고 숨김이 없는가.

❹ 나는 도덕적으로 솔직하고 결백한가.

❺ 나의 목적을 이루기 위해서 나는 얼마만한 노력과 하고 있으며 최선을 다하고 있는가.

❻ 나는 앞으로 닥칠 어떠한 일에도 적극적으로 대처하기 위하여 학구적 노력과 연구를 게을리하고 있지 않은가.

제2-신체적인 조건

❶ 빠른 두뇌 회전을 위하여 신체 에너지의 사용을 절약하지 않으면 안 될 육체적인 결점이 있는가.

❷ 신체 발육 상태 중 내 키에 비해서 체중은 정상을 유지하는가.

❸ 음식 섭취는 적당하며 과음 및 과식은 하고 있지 않은가.

❹ 매일 밤, 잠은 잘 자는가.

❺ 운동은 적당한가, 과도한 운동이라든가 운동을 하는 데 게으른 점은 없는가.

❻ 몸과 마음에 영향을 끼칠 좋지 못한 습성은 없는가, 그리고 주변 환경은 내 바른 생활에 도움이 되는가.

제3-품성

❶ 나는 쉽게 실망하거나 낙담하지 않는 성격의 소유자인가.

❷ 생활의 여건에 따라 낙관한다거나 극단적으로 비관하지는 않는가.

❸ 실망이나 낙담했을 때도 평상시와 같이 일을 계속할 수 있는가.

❹ 맡은 일에 최선의 노력을 기울이고 있는가.

❺ 어제의 그르친 일 때문에 오늘의 일에 방해가 되거나 의기소침해하는 일은 없는가.

❻ 신속하고 명확하게 결단을 내릴 수 있는가.

❼ 확신할 수 있는 해답을 구할 때까지 문제에 생각을 집중할 수 있는가.

❽ 동료나 윗사람에 대하여 얼마나 솔직하고 떳떳한가.

❾ 자신이 생각해서 본인은 여러 가지로 생각이 깊고 신중하며, 위기를 기회로 역전시킬 수 있는 지략이 있고, 편애하는 마음보다는 공동체적 질서를 지키고 주변 사람들 누구에게나 똑같은 친절을 베푸는가.

❿ 다른 의견이 있을 수 있는 경우에 편파적으로 다른 사람의 의견만을 좇는 일은 없는가.

⓫ 자신은 일에 대하여 빈틈이 없고, 또한 일하는 태도가 훌륭하다고 평가하거나 평가받고 있는가.

⓬ 나는 장래를 위해 수입의 몇 퍼센트나 저축하고 있는가.

⓭ 자신의 교양과 품위 유지 차원에서 수입의 몇 퍼센트를 정해서 쓰고 있는가.

⓮ 기술과 집중력·결단성·인내력·깊은 생각·믿음성 등에서 현재의 내 위치에 가장 필요한 것은 무엇인가. 그리고 나는 이러한 성능을 얼마나 지니고 있는가.

⑮ 현재 진행 중인 일은 일생의 사업으로써 과연 희망이 있는가.

⑯ 만일 희망이 없다고 하면, 일생을 걸고 할 사업으로 따로 나에게 적합한 일이 있는가.

⑰ 나는 앞서의 각 물음에 대하여 왜 그러한 답변을 했을까. 그리고 답변에 불성실하지는 않았는가.

⑱ 나는 과연 내 인생의 궁극의 목적을 달성할 수 있는 인물인가.

성숙된 미래의 모습

이상의 문제에 대한 해답은 자신을 뒤돌아보는 계기가 되었을 뿐만 아니라 앞으로 어떤 지침이 되었을 것이다. 그것은 당신의 인생행로의 중요한 문제에 대한 당신 자신의 현재 위치를 알려줄 것이며 또한 앞으로의 새로운 행동지침을 알려 주었을지도 모른다.

어찌했든 위와 같은 각 항목의 질문은 얼핏 보면 아무것도 아닌 것 싶지만, 실은 그렇지 않다. 뜻을 잘 생각하고 거기에 대한 답변을 할 수 있도록 자신의 생활 태도를 바로잡고자 노력할 때, 당신은 성공의 가장 큰 요건인 긍정적이고 확신적이며 활동적인, 살아 있는 인생관을 획득할 것이다.

따라서 당신은 이미 세상을 비꼬아 보거나, 회의적이거나 두려움에 빠지지 않게 될 것이다. 당신은 이제 앞날에 대한 높고 큰 희망을 기대할 수 있을 것이다.

3개월마다 한 번씩 주기적으로 각 항목에 따라 다시 한번 체크해 보자. 그리하여 3개월 전의 해답과 이번의 해답을 비교해 보자.

해마다 끊임없이 되풀이할 때 당신은 자신이 처한 현실의 안주보다 향상된 미래의 위치가 보다 성숙된 모습으로 한 발 더 성큼 다가오는 것을 느낄 수 있을 것이다.

현명한 직업 선택

제너럴 전기회사에서 전기의 마술사라고 불리며 수많은 기술자를 고용하고 있는 찰스 P. 스타인메츠에게 기자들이 물었다.

"성공할 수 있는 사람과 그렇지 못한 사람을 당신은 어떻게 구분하십니까?"

그러자 그는 다음과 같이 대답하였다.

"눈앞에 닥친 그저 월급이 오른다든가 보너스를 많이 받는다든가 하는 일반적인 목적을 달성하기 위한 그저 그것뿐인 수단으로 직업에 종사하는 사람을 나는 그다지 흥미로워하지 않습니다. 나는 오로지 일을 위해 태어나고 일을 위하여 일하는 사람을 좋아합니다. 자신의 일을 즐기고 더욱 더 그 일을 잘하려는 생각을 가진 사람은 싫다고 해도 향상되기 마련입니다. 일이라는 것은 그곳에 종사하는 사람을 태운 발동기와 같은 것으로, 그 발동기를 더욱 더 힘차게 가동하려고 노력하는 사람은 그 발동기가 작동함에 따라 점차 더 전진할 것이고, 발동기를 소홀히 여기는 사람은 발동기와 같이 한 자리에서 정지할 수밖에 없을 것입니다."

이처럼 스타인메츠의 말을 바꾸어 보면, '인생의 건축자로서의 사람은 그 일에 온갖 정열을 쏟아 붓지 않으면 안 된다.'라는 뜻이 포함되어 있다.

누구든지 흥미가 없는 일에는 열심히 할 수가 없다. 그렇기 때문에 사람은 자기의 적성과 취미에 알맞은 직업을 구하여야만 된다. 자기 자신의 적성과 취미에 알맞은 일이라면 누구나 흥미를 느낄 수 있기 때문이다.

숨은 재능을 찾아내야 한다

바트 에베렛은 졸업을 눈앞에 두고 있었으며 취업 상담원이 배포한 조사표에 자신의 희망하는 직업을 써냈다.

그는 졸업하면 판매원이 되겠다고 썼으며 자신의 성격이 그러한 직업에 적합한지 어떤지는 전혀 알지 못했다.

그렇다고 판매원이 아주 흥미가 있어서 그런 것도 아니었다. 단지 그의 아버지가 목재를 파는 세일즈맨으로서 성공하였으며 형 또한 보험회사 설계사로서 안정적인 삶을 누리고 있기 때문이었다.

그러자 그의 담임선생은 이 조사표를 보고 고개를 갸우뚱했다. 왜냐하면 에베렛의 성품 됨됨이를 잘 알고 있었기 때문이다.

에베렛은 천성이 음악가라 할 만큼 그의 유쾌한 음악은 학교 전체의 분위기를 자유자재로 바꾸었고, 언제나 좌중을 압도하며 리드해 나갔으며 '밴드부'를 조직하여 지휘하고 있었다.

그가 콧노래를 하거나 휘파람을 불면 모든 학생들이 모여들어 합창을 하고 장단을 맞추어 춤을 추었다. 따라서 그는 훌륭한 오케스트라나 밴드의 지휘자가 될 소질을 지니고 있었다.

담임선생에게서 이 말을 전해들은 취업 상담원은 에베렛한테 조용히 타일렀다.

"왜 그 훌륭한 음악적 재능을 버리고 판매원이란 취업을 택하는가. 이는 보물이 그냥 땅 속에 묻히는 것과 같은 거지. 다른 학교에서는 밴드 지휘자를 구하여 달라는 신청도 많거니와 우리도 그런 인재가 없어 고심하고 있는 형편이야. 다시 잘 생각해 봐."

이러한 조언으로 에베렛은 다시 한번 자신을 뒤돌아보게 되었고 자신의 적성과 취미를 되살려 그에 알맞은 직업을 골라 매진하였다. 그리고 이윽고 학업을 마친 그는 얼마 후 한 대학의 이름 난 밴드 지휘자가 되었다.

취미와 적성을 찾아야 한다

위크스라는 중년의 의사가 있었다.

그는 부모님이 바라는 대로 별 생각 없이 의과대학에 들어갔고 의사가 되었다. 다른 사람에게는 말하지 않았지만 자기 마음으로는 내심 자신의 적성과는 상반된 직업임을 느끼고 있었다. 그리하여 해가 갈수록 그에게는 더욱 더 의사라는 직업에 흥미를 잃어 왔다.

위크스의 집은 대대로 많은 재산이 있었기 때문에 의사라는 직업에 그다지 열중하지 않아도 먹고 사는 데는 아무런 지장이 없었다. 그래서 시간의 대부분을 골프나 그 밖의 운동으로 보내고 환자를 본다는 것은 그저 형식적으로 하는 정도였다.

어느 날 식당에서 점심을 먹으며 친구에게 자기의 고민을 털어놓으며 의사 생활의 무의미함을 호소하였다.

"친구, 뭘 그렇게 골몰하나. 그러면 의사를 그만두면 되지?"

"아니야, 아니라고. 다시 무엇을 하기에는 이미 나이가 너무 많은 것이 한이란 말일세."

"아따, 이사람 좀 보게. 집에 재산이 넉넉하지 않은가. 급히 덤빌 것 없이 천천히 새 일을 찾아 고를 수가 있지 않겠는가."

"무엇을 해야 될지 나도 모르겠단 말이야. 그러나 이대로 의사 노릇을 하고 있는 것이 인생의 낭비라는 것만은 확실하네."

"무엇이고 자네에게 적합한 것을 찾아보게. 마침 내가 잘 아는 취업 전문가가 있는데, 거기 찾아가서 한번 상의해 보게."

위크스는 그 친구의 소개를 받아 테일러 박사를 찾아갔다.

테일러 박사는 그의 성격·생활습관·취미·기호 등을 자세히 물어보고 충분히 검토한 결과, 위크스는 사업가로서의 감성이 뛰어나며 만능 스포츠맨이라는 것을 알았다.

그리하여 그를 토대로 적당하다고 생각되는 여러 가지 직업을 제시하던 중 '스포츠 기구 제조'라는 사업이 있었는데 이것이 위크스

마음을 크게 움직였다.

그는 곧 의사라는 직업을 과감히 떨쳐 버리고, 우선 경험을 얻기 위하여 스포츠 기구를 파는 어떤 매장의 판매원으로 얼마 동안 일하였다. 그리고 몇 년 후 자신의 적성과 취미에 맞는, 미국에서 제일가는 운동기구 제조회사의 중역으로 오늘도 즐거운 마음으로 일하고 있다.

기회를 포착해야 한다

셀든 벤다는 농업 전문학교를 졸업하였지만 농사에는 전혀 관심이 없어서 마지못해 어떤 은행의 계산원으로 취직하였지만 1~2년 후에 그는 자신이 택한 일이 잘못되었다는 것을 깨달았다. 그리하여 취업 상담가를 찾아가 자신은 판매원을 원하지만 여기저기 뛰어 다녀야 하는 일은 질색이라고 솔직히 말했다.

그러자 상담가는 벤다가 판매원이란 직업에 대하여 인식하지 못함은 물론 자신의 적성을 제대로 파악하지 못한다고 생각하여 두 가지 질문을 했다.

"당신은 곧잘 낙담하거나 실망하지 않나요?"

그에 대한 대답은 '예스'였다.

"실망도 낙담도 곧잘 하기는 하지만 이번에는 틀림없겠지 하는 희망을 가지고 다음번에는 용기를 내어 나아갈 자신은 있나요"

그에 대한 답변도 '예스'였다.

벤다는 이 두 가지 질문과 그에 대한 자신의 답변을 깊이 생각해

보고 난 뒤 결국 자신은 판매원이 될 소질이 있다는 것을 알게 되었고 곧 은행을 사직한 뒤 어떤 상품회사의 판매원이 되었다.

그리고 일 년 반 후에는 그 회사의 한 지점장이 되었다. 그런데 어느 날 그는 또다시 취업 상담가를 찾아가서 이번에 한 가지 문제가 생겼다고 상의하였다.

"즉 이런 것입니다. 어떤 농기구 제조회사의 농기구 팸플릿을 들여다보고 있자니 내가 이 물건을 팔면 잘 팔리지 않겠는가 하는 마음이 들기 시작했습니다. 어떻게 하면 좋겠습니까?"

이렇게 그는 과감히 지점장을 그만두고 농기구 판매원으로 옮겼다. 그리고 그 농기구는 그가 직접 팔고 싶은 물건이었기에 그 농기구 회사에 입사한 지 3년 동안에 판매부장으로 승진하였고 놀랄 만한 수완을 발휘하여 그 분야에서 이름을 날리게 되었다.

기회는 자신의 손안에 있다

랄프 휴라는 대학을 졸업하자마자 어머니와 누이동생을 돌보기 위해 백화점에서 장갑을 파는 일에 종사하였다.

그러나 처음에는 흥미가 있었지만 한 2년쯤 계속하다 보니 점차 싫증이 났다. 줄곧 한 자리에만 있으려니 더 이상 장갑에 대하여 알 것도 없을 뿐만 아니라 마냥 지루하게만 느껴졌다.

그리하여 자신의 적성에 맞는 마땅한 곳을 찾던 중 제철회사로 옮겨 볼까 생각하고 이 생각을 모교의 취업 상담사에게 이야기하였더니, 그 상담사는 휴라에 대하여 자세히 검토한 결과 휴라는 결코 철

강업에 알맞은 어떤 자질이나 적성이 있는 인물이 아니라는 것을 알았다.

분명히 그는 단지 현재의 일에 싫증이 났을 뿐이었다.

그리하여 그 상담사는 휴라에게 몇 가지 질문을 해보았다.

장갑은 몇 종류의 가죽이 사용되는가, 그러한 가죽의 생산지는 어디인가, 장갑 제조업자들은 어떻게 하여 굵은 손가락에나 가느다란 손가락에도 꼭 들어맞게 만들어 내는가 하는 질문이었다.

당연히 휴라는 대답을 하지 못했고 따라서 그는 직업을 바꾸기 전에 좀 더 장갑에 대해 연구해 보겠다고 하며 돌아갔다.

그런 뒤 그는 편지를 써서 장갑 제조업자에게 물어 보기도 하고, 직접 장갑공장에 견학도 자주 가게 되었다. 그리고 장갑의 재료가 되는 가죽은 물론 그 동물의 생태 연구도 시작하였다.

어느 날, 그는 모교의 취업 상담사에게 재미있는 편지를 써 보냈다. 그 내용은 다음과 같다.

"어느 귀부인에게 북쪽에서 잡은 암사슴의 가죽으로 만든 고급 장갑을 팔았습니다. 그런데 그 부인은 제가 장갑을 권하자 지금 당장 필요한 것이 아니어서 필요 없다고 했는데, 암사슴에 대하여 여러 가지 이야기를 들려드렸더니, 호기심이 발동하여 끝내는 그 고급 장갑을 사가지고 가셨습니다."

이런 일이 있고 나서 휴라는 자신이 선택한 직업에 무한한 장래성이 있음을 깨닫게 되었고 그 일에 대한 자부심과 더불어 최선을 다하게 되었다.

현재 그는 미국에서 가장 손꼽히는 가죽 제품의 권위자가 되었다.

이는 현재 자신이 하고 있는 일에도 무한한 장래성이 숨겨져 있지만, 이를 찾아내기는커녕 아무런 노력도 해보지도 않고, 곧 싫증을 일으키는 사람들에게 좋은 본보기가 될 것이다.

우리 주위에는 분명히 기회가 자기 손 안에 있음에도 불구하고 안타깝게도 이를 알지 못해 놓쳐 버리는 일이 비일비재하다.

듣거나 얻은 지식은 활용해야 한다. 그리고 실행함으로써 더욱 더 많이 알아야 될 것을 발경할 수 있을 것이다.

자기가 결심한 것에 대하여 자신의 능력을 의심해서는 안 된다. 주어진 일에 최선을 다할 때 행운은 찾아보기 마련이다.

누구나 기회는 자신의 손안에 있다.

제3장

목적을 달성하는 법

1갤런의 쓴 국물보다도 한 방울의 벌꿀을
사용하는 것이 더 많은 파리를 잡을 수 있다.
부드러움이 능히 강한 것을 꺾는다.
사람을 다루는 비결은 상대의 입장을 동정하고
그것을 잘 이해하는 일이다.

상대의 이성에 호소하는 최선의 방법

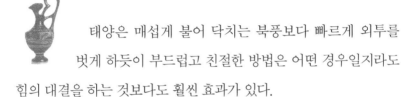

태양은 매섭게 불어 닥치는 북풍보다 빠르게 외투를 벗게 하듯이 부드럽고 친절한 방법은 어떤 경우일지라도 힘의 대결을 하는 것보다도 훨씬 효과가 있다.

화가 났을 때 상대방을 마음껏 공격하고 나면 정말 가슴이 후련할 것이다. 그러나 공격당한 쪽도 그와 같이 가슴이 후련할까? 시비조로 호되게 당하고 나서 기분 좋게 이쪽의 마음대로 움직여 줄까?

우드로 윌슨 대통령은 다음과 같이 말했다.

"만약 상대가 주먹을 움켜쥐고 들이닥치면 이쪽도 지지 않고 주먹을 움켜쥐고 맞이하는 것이 세상일이다. 그러나 상대방이 '서로 잘해보지 않겠습니까? 그리고 만약에 의견이 다른 점이 있으면 그 이유나 문제점을 밝혀 봅시다.'라고 타이르듯 조용히 말한다면 어떻게 될까? 그러면 두 사람의 의견 차이가 생각했던 것보다 그리 심하지 않다는 사실을 깨달을 수 있을 것이다. 그런 다음, 서로가 인내와 솔직함과 선의를 가지고 문제에 접근한다면 쉽사리 그 문제를 해결할 수 있을 것이다."

이 윌슨의 말을 누구보다 잘 이해하고 있었던 사람은 존 D. 록펠러 2세였다.

록펠러는 콜로라도의 민중들로부터 몹시 미움을 사고 있었다.

미국 산업사상 유례없는 대파업 사태가 무려 2년에 걸쳐서 콜로라도주를 온통 뒤흔들어 놓았다. 록펠러가 관리하는 회사에서도 임금 인상을 요구하던 직원들 또한 극도로 신경이 날카로워져 있었던 것이다. 회사의 건물이 파괴되는가 하면 군대가 출동한다 해서 마침내는 유혈 사태가 벌어졌다.

이와 같은 대립이 격화되는 속에서 록펠러는 어떻게든 상대방을 설득하고 싶었다. 그리고 마침내는 성취하고 말았다.

다음은 그때의 이야기이다.

그는 수 주간에 걸쳐 화해의 공작을 취한 후 노조 측의 대표자들을 모아놓고 연설을 했다. 이때 그가 한 연설은 한 점의 결점도 없는 훌륭한 것이었으며 당연히 커다란 성과를 거두었다.

록펠러는 이 연설에서 우정에 넘치는 태도로 있는 사실을 설명하며 순순히 설득해 나갔다. 그러자 노동자들은 그처럼 강경히 주장하던 임금 인상에 대해서는 아무 말도 하지 않고 각자의 직장으로 복귀했다.

그때의 연설 첫머리 부분을 인용해 보기로 한다. 얼마나 그것이 우정에 넘치는지 잘 음미하기 바란다.

록펠러는 바로 조금 전까지도 그를 목매달아놓아도 시원치 않다고 생각하고 있던 사람들을 상대로 지극히 우호적인 어조로 조용히 말을 시작했다.

비록 자선단체에서 이야기를 한다고 치더라도 이처럼 조용한 태도로 할 수는 없을 것 같은 그런 태도였다.

"나는 이 자리에 나오게 된 것을 매우 자랑스럽게 생각합니다. 여러분의 가정을 방문해 가족도 만났으므로 우리는 인사도 없는 남남끼리가 아니라 친구로서 만나고 있는 것입니다."

"우리 상호의 우정, 우리의 공통된 이해! 내가 이 자리에 나올 수가 있었던 것은 오로지 여러분의 호의에 의한 것이라고 생각하고 있습니다."

이러한 어구들이 그의 연설을 장식하고 있었다.

그리고 록펠러는 입을 열고 다음과 같이 말했다.

"오늘은 내 생애에서 특히 기념할 만한 날입니다. 이 회사의 직원 대표 및 간부사원 여러분을 한 자리에서 만나볼 수 있는 기회를 얻었다는 것은 내게 있어서는 일찍이 없었던 행운의 자리라고 생각합니다. 그리고 나는 이 자리에 나오게 된 것을 매우 자랑스럽게 생각합니다. 이 회합은 오래도록 언제까지나 내 기억에 남으리라고 확신합니다.

만약 이 회합이 2주일 전에 이루어졌다면 아마 나는 극히 소수의 분들을 제외하고는 대부분의 사람들과는 인사가 없는 존재에 지나지 않았으리라고 생각합니다.

　나는 지난주, 남광구를 방문했습니다. 때마침 그곳에 부재중인 분들을 제외하고는 거의 모든 대표자 여러분과 개별로 이야기를 나누고 또 여러분의 가정을 방문해 가족 분들도 만나 뵈었습니다. 그렇기 때문에 이제 우리는 서로가 알지 못하는 타인이 아닙니다. 즉 친구로서 만나고 있는 것입니다.

　이러한 우리 상호의 우정에 입각해서 나는 우리 공통의 이해에 대해서 여러분과 이야기를 나누고자 합니다.

　이 회합은 회사의 간부사원들과 직원 대표 여러분들께서 마련한 것으로 알고 있습니다. 간부사원도 아니고 직원 대표도 아닌 내가 오늘의 이 자리에 나오게 된 것은 오로지 여러분들의 호의로 이루어진 것으로 생각합니다. 나는 간부사원도 직원 대표도 아닙니다만, 그러나 주주와 중역의 대표자로서 여러분과 밀접한 관계가 있다고 생각합니다."

　이것이야말로 적을 자기편으로 끌어들이는 훌륭한 방법의 본보기라고 말할 수 있는 예가 될 것이다.

　만약 록펠러가 다른 방법을 취해서 토론을 벌이고 사실을 앞세우고 잘못은 노동자 측에 있다고 말하고 우격다짐으로 주장을 하거나혹은 그들의 잘못을 이론적으로 증명하려고 했다면 그 사태는 어떻게 되었을까? 그야말로 불에 기름을 붓는 결과가 되었을 것이다.

　상대방의 심정이 반항과 증오에 가득 차 있을 경우에는 아무리 훌

룡하고 적합한 이론을 들먹여도 설득할 수는 없다.

아이를 나무라는 부모, 권력을 행세하는 고용주나 남편, 바가지가 심한 아내와 같은, 이런 사람들은 자기의 생각을 바꾸려 하지 않는다는 사실을 분명히 알아두어야 한다. 이런 사람들에게 무리해서 자기 의견을 따르게 할 수는 없다.

그러나 부드럽고 친절한 태도로 얘기를 주고받으면 상대방의 마음도 바꿀 수가 있다.

링컨은 다음과 같이 의미 있게 말했다.

"1갤런의 쓴 국물보다 한 방울의 벌꿀을 사용하는 것이 더 많은 파리를 잡을 수 있다.'라는 속담은 어느 세상이나 통하는 말이다. 인간에 대해서도 같은 말을 할 수가 있다. 만약 상대를 자기의 의견에 찬성시키고 싶으면, 우선 자신이 그의 편이라는 사실을 상대방에게 알려주어야 한다. 이것이야말로 상대방의 마음을 포착하는 한 방울의 벌꿀이며, 상대의 이성에 호소하는 최선의 방법이다."

록펠러와 같이 경영자 중에는, 파업자 측과 우호적으로 만나 무난히 분쟁을 해결한 사람이 많다.

또 그 한 예를 들어보자.

화이트 모터 회사의 2,500명 직원이 임금 인상과 유니언 숍(노동협약에 따라 고용된 노동자는 모두 의무적으로 노동조합에 가입해야 하며 고용주는 탈퇴, 제명 등으로 비조합원이 된 자를 해고하도록 의무화한) 제도의 채용을 요구해 파업을 일으켰다.

그런데도 사장인 로버트 F. 블랙은 노동자에 대해서 하등의 나쁜 감정도 보이지 않고 거꾸로 그들이 '평화적인 태도로 파업에 들어간 것'을 '클리블랜드' 신문지상에 칭찬하는 기사를 내보냈다.

그리고 바리게이트를 치고 있는 사람들이 지쳐 있는 것을 보고 그는 야구 도구를 사들여서 공지를 이용해 야구를 하도록 권했다. 볼링을 좋아하는 사람을 위해서는 볼링장을 빌려 주기도 했다.

경영자 측이 취한 이 우호적인 태도는 충분한 교화가 있었다. 말하자면 우정이 우정을 낳은 것이다. 노동자들은 청소도구를 빌려와서는 공장 주변을 청소하기 시작했다.

한편으로는 임금 인상과 '유니언 숍' 제도 실시를 위해 싸우면서도, 다른 한편으로는 공장의 주변을 청소하고 있는 것이다.

이것이야말로 바람직한 풍경이 아닌가? 격렬한 논쟁에 얼룩진 미국노동사상 일찍이 볼 수 없었던 광경이었다. 이 파업은 일주일을 넘기지 않고 해결해 쌍방 간 하등의 나쁜 감정도 갖지 않았다.

되도록 침착하고 조용히 말해야 한다

O. L. 스트로브라는 전기 기사가 방값을 싸게 해주었으면 생각하고 있었다. 그러나 집주인은 소문난 구두쇠였다.

다음에 그가 내 강연회에서 공개한 이야기이다.

"저는 계약기간이 끝나는 대로 아파트를 나가겠다고 집주인에게

통고했습니다. 그러나 사실 저는 나가고 싶지 않았습니다. 집세를 싸게 해주기만 하면 그대로 그 집에 머물고 싶었지요.

그러나 상황은 전혀 비관적이었습니다. 다른 세든 사람들도 모두가 실패했으며, 그 집주인만큼 다루기 힘든 사람은 없다고 누구나 입을 모아 손사래를 쳤습니다. 그러나 저는 마음속으로 이렇게 생각했습니다.

'나는 강연회에서 사람을 다루는 방법을 배우고 있다. 한번 집주인에게 응용해 효과를 시험해보자.'

제 편지를 받고 난 뒤에 곧장 집주인은 비서를 데리고 나타났습니다.

저는 쾌활한 얼굴로 집주인을 맞이하고 진심으로 호의를 보였습니다. 집세가 비싸다는 그런 말은 조금도 내비치지 않았습니다.

먼저 저는 이 아파트가 매우 마음에 든다고 서두를 꺼냈습니다. 사실 저는 유감없이 칭찬을 한 것입니다. 아파트의 관리에 대해서도 마침내 크게 탄복하고 하다못해 한 일 년쯤은 더 이곳에 머물고 싶지만 애석하게도 그것이 안 된다고 집주인에게 말했습니다.

아마 집주인은 지금까지 세든 사람들로부터 이러한 환영을 받은 일은 한 번도 없었던 모양입니다. 전혀 예기치 못했던 것과는 딴판인 표정을 그는 보였습니다.

한참 후에 집주인은 자기의 고충을 한 가지 한 가지 늘어놓았습니다.

말썽만을 들먹이는 임차인, 그중에는 열네 통이나 트집을 부리는 편지를 보내는 사람이 있는가 하면, 또 역력하게 모욕적인 편지도 몇 가지가 있었습니다. 집주인의 책임이니, 위층 사람의 코고는 소리를 멈추게 해주지 않으면 계약을 파기하겠다고 위협하는 사람 등등 이루 다 말할 수가 없다는 것이었습니다.

'당신과 같이 얘기가 통하는 사람이 있어 준다는 것은 참으로 고마운 일'이라고 말하고 제가 먼저 내비치기도 전에 먼저 집주인 쪽에서 방값을 조금 내려주겠다고 말했습니다. 저는 좀 더 내려주어야 했기 때문에 분명히 제가 지불할 수 있는 금액을 말하니 집주인은 즉각 그것을 승낙해 주었습니다.

게다가 그는 '방 안의 장식을 바꾸어 드리고 싶습니다만 어디 요구할 점이 있으면 말하시오.'라는 말까지 하고 돌아갔습니다.

만약 제가 다른 사용자들과 같은 방법으로 집세의 인하 운동을 벌였다고 한다면 역시 그들과 같이 실패했음에 틀림이 없습니다. 우호적이며, 동적을 구하는 척, 그러면서도 감사에 찬 태도가 이와 같은 성공을 가져오게 한 것입니다."

또 한 가지 더 다른 예를 들어 말해 보자.

이번에는 사교계에서 유명한 부인, 롱아일랜드의 가든 시티에 살고 있는 드로시 데이 부인의 이야기이다.

"일전에 저는 간단한 오찬회를 개최한 일이 있습니다. 제게 있어서는 모두가 한 사람 한 사람 귀중한 손님이었기 때문에 만사 실수 없도록 매우 신경을 썼습니다. 그렇지만 이러한 파티를 개최할 때, 저는 언제나 에밀이라고 하는 요리사에게 모든 것을 의뢰해 두고 있었습니다. 그런데 이번에는 그 에밀이 사고를 내고 말았습니다.

에밀은 마지막까지 얼굴을 보이지 않고 조수격인 한 사람만을 보냈습니다. 그 조수란 사람이 아주 서툴러서 쓸모가 전혀 없었습니다.

주빈을 뒤로 돌리는가 하면 커다란 접시에 작은 사라다를 한 개만 담아서 내놓곤 했습니다. 고기는 굳어 있었고 고구마는 기름투성이였으며 그야말로 엉망진창이었습니다.

저는 울화통이 터져 견딜 수가 없었습니다. 그것을 가만히 참고 미소를 보이는 괴로움은 이루 헤아릴 수 없었습니다.

'어디 두고 보자. 이번에 에밀을 만나면 그냥 두지 않을 테다.'라고 저는 결심했습니다.

이번 오찬회는 수요일에 있어서 그 다음 날 밤, 저는 '인간관계'에 대한 강연을 들으러 갔습니다.

그런데 듣고 있는 동안에 에밀을 일방적으로 책망하는 것은 공연한 짓이라는 것을 깨달았습니다. 그를 화나게 하면 이후에는 절대로 도와주지 않을 것이라는 생각이 들었습니다. 그래서 저는 에밀의 입장에서 생각해 보기로 했습니다.

'요리의 재료를 사들인 것도, 그것을 요리한 사람도 그가 아니다. 그의 조수들 중에는 감각이 무딘 사람도 있을 것이다. 생각해 보면 내가 처사를 잘못한 점도 있는 것이다.'

저는 그를 책망하는 대신에 조용히 대화를 나누어 보기로 했습니다.

그래서 우선 그에게 감사하기로 마음을 고쳐먹었습니다. 이 방법은 훌륭한 결실을 맺었습니다. 그 다음 날 에밀을 만나니 그는 나를 경계하고 얼굴에는 성난 표정이 역력했습니다. 그야말로 한바탕 곧 떠벌릴 기세였습니다.

'이봐요, 에밀. 당신은 내가 파티를 열 때는 없어서는 안 되는 사람이에요. 당신은 뉴욕에서도 일급 요리사가 아닙니까? 물론 재료의 구입 때나 요리는 당신 책임이 아니니까, 그래서 지난 수요일과 같은 일이 있었던 것도 어쩔 수 없는 일이지요.'

저는 점잖게 말했습니다.

그러자 그의 험악한 얼굴빛은 금세 웃는 얼굴로 변했습니다.

'에밀, 실은 나는 또 파티를 열려고 생각하고 있으니 아무래도 당신이 좀 도와주어야겠어요.'

'부인, 이번에는 그런 실수가 없도록 하겠습니다.'

그는 정중히 대답했습니다.

그 다음 주에 저는 또 오찬회를 열었습니다. 그러나 메뉴는 에밀과 상의해 만들었습니다. 그전의 일은 일체 흘려버리고 그의 의견을 충분히 채택했습니다.

드디어 저희가 회장으로 들어가 보니 테이블은 아름다운 장미로 장식되고 에밀은 빈틈없이 손님 접대를 해주었습니다. 제가 여왕님을 초대했다고 하더라도 만점이고 조수들도 전과 달리 네 사람이나 얼굴을 보이고 있었습니다. 에밀도 마지막에는 스스로 요리를 날라다 주었습니다.

파티가 끝나자 그날의 주빈이 '부인, 저분에게 마술이라도 쓴 것이 아닙니까? 그렇게 빈틈없는 서비스를 받은 일은 정말 처음 있는 일이군요.'라며 저에게 귀띔했습니다.

바로 그렇습니다. 저는 조용한 태도로 진심을 가지고 칭찬하는 마술을 쓴 것입니다."

'네.'라고 대답할 수 있는 문제를 선택해야 한다

 소크라테스는 상대의 잘못을 지적하는 일은 결코 하지 않았다. 우선 상대방으로부터 '네.'라고 답을 이끌어내는 것을 주안점으로 삼고 있었다.

상대방과 이야기할 때, 서로 의견이 충돌되는 문제를 처음부터 꺼내서는 안 된다. 우선 서로 의견이 일치하고 있는 문제부터 시작해 그것을 항상 강조하면서 이야기를 진행한다. 서로가 동일한 목적을 추구하고 있다는 것을 상대방에게 인식시키고, 다만 그 방법에 차이가 있을 뿐이라는 것을 강조해야 한다.

처음에는 상대에게 '네.'라고 말할 수 있는 그러한 문제만을 채택하고, 가능한 한 '아니오.'라고 말하지 않도록 해야 한다.

오버스트리트 교수는 다음과 같이 말하고 있다.

"상대에게 일단 '아니오.'라고 말한 이상, 그것을 번복하는 것은 자존심이 허락하지 않는다. '아니오.'라고 말해 버리고 후회할 경우도 있을지 모르지만 비록 그렇게 되더라도 자존심을 상하게 할 수는 없다. 말을 꺼낸 이상 어디까지나 그것을 고집한다. 그러니까 처음부터 '네.'라고 말할 수 있는 방향으로 이야기를 몰고 가는 것이 매우 중요하다."

화술이 능한 사람은 상대방에게 몇 번이나 '네.'라고 말하게끔 만든다. 그러면 상대방의 심리는 자연스럽게 긍정적인 방향으로 움직이기 시작한다. 이것은 꼭 당구의 공이 어떤 방향으로 굴러가는 것과 같은 것이며 그 방향을 바꾸게 하려면 상당한 힘이 필요하다. 더구나 반대의 방향으로 되돌아가게 하려면 그것보다 더욱 더 훨씬 많은 힘이 든다.

이럴 때의 심리적인 패턴은 아주 분명하다.

사람이 진심으로 '아니오.'라고 말할 때는 단순히 그 말을 입으로 나타낼 뿐만 아니라, 동시에 온갖 행동으로 표현된다.

즉 신체의 각종 분비선, 신경, 근육 단위의 모든 조직이 일제히 딱딱하게 굳어져 거부 태세를 취한다. 그리고 대개의 경우 그것은 뚜렷이 알 수 있을 정도의 커다란 동작으로 나타나는 경우도 있다.

말하자면 신경과 근육의 전 조직이 거부의 태세를 취하는 것이다.

그런데 '네.'라고 말할 경우에는 이러한 현상은 전혀 일어나지 않는다. 신체의 조직이 무엇인가를 받아들이려고 하는 자세를 취한다. 그 때문에 처음에 '네.'라고 말을 많이 하게 하면 할수록 상대를 이쪽이 생각하는 방향으로 끌고 가는 것이 용이하다.

상대방에게 '네.'라고 말하게 하는 기술은 극히 간단하다. 그러면서도 이 간단한 기술이 별로 이용되고 있지 않다. 미리부터 반대하는 것으로 하여금 자기의 중요감을 반복하는 듯하게 생각되는 사람이 더러 있어 보인다.

세상에는 급진파의 사람이 보수파의 동료들과 이야기를 나누게 되면 즉각 상대방을 화나게 하고 만다. 도대체 그래서 무슨 도움이 되며, 무슨 소용이 있다는 것인가? 단순히 일종의 쾌감을 맛보기 위한 것이라면 그것으로 족할지도 모른다. 그러나 그 어떤 성과를 기대하고 있다면, 그러한 인물은 인간의 심리에 관한 한 바보 천치가 하는 짓이나 마찬가지이다.

학생이거나 고객, 그리고 자기의 아이이거나 남편 혹은 아내이든 처음에 '아니오.'라고 말하게 하면 그것을 '네'.라고 바꾸어 놓으려면 상당한 지혜와 인내가 필요하다.

뉴욕의 그리니치 저축은행의 출납계원인 제임스 에버슨은, 이 '네.'라고 하는 방법을 이용함으로써 하마터면 놓칠 뻔한 손님을 가까스로 만류할 수가 있었다.

그 에버슨 씨의 이야기를 들어보자.

"손님 한 분이 예금구좌를 개설하기 위해서 찾아왔습니다.

나는 평소에 하던 대로 용지에 필요한 사항을 기입해 줄 것을 기대하고 있었습니다. 그런데 그는 대개의 질문을 자진해서 대답해 주었습니다만 어떤 질문에 대해서는 도무지 대답하려 하지 않았습니다.

내가 인간관계의 공부를 하기 이전의 일 같았으면 이 질문에 응답해 주지 않으면 구좌를 열어줄 수 없다고 분명히 말했을지도 모릅니다. 부끄러운 얘기입니다만 사실 나는 지금까지 그러한 발언을 해왔습니다. 그렇게 해서 상대를 몰아세우는 것은 확실히 통쾌한 일입니다. 은행의 규칙을 방패로 삼고 자기의 우위를 상대에게 보여준 것이 됩니다. 그러나 그러한 태도는 일부러 걸음을 해준 손님에게 호감과 중요성을 주지 못하는 결과를 초래했습니다.

나는 상식에 맞는 태도를 취해볼 것을 결심했습니다.

은행 측의 희망이 아니고 손님의 희망에 관해서 이야기해 보자. 그리고 처음부터 '네.'라고 손님에게 말하게 하도록 시도해 보려고 생각했습니다. 그래서 나는 손님에게 반대하지 않고 마음에 들지 않는 질문에는 구태여 대답할 필요가 없다고 말했습니다. 그리고 다음과 같이 덧붙여 말했습니다.

'그러나 가령, 예금을 하신 후에 손님에게 만약의 사고가 있으시면 어떻게 하겠습니까? 법적으로 손님의 가장 가까운 사람이 예금을 찾을 수 있도록 해야겠죠?'

그러자 그는 '네.'라고 대답했습니다.

'그럴 경우를 대비해서 저희는 고객님과 가장 가까운 사람의 이름을 알아두는 것입니다. 좋은 방법이라고 생각하지 않습니까?'

그는 또 '네.'라고 대답했습니다.

내가 질문한 사항이 은행을 위한 것이 아니라, 그를 위한 것이라는 사실을 깨달은 손님의 태도는 일변했습니다.

그는 자신에 관해서뿐만 아니라 내 권유에 따라서 그의 어머니를 수취인으로 하는 신탁구좌를 개설하고, 어머니에 관한 질문에도 기쁘게 응답해 주었습니다.

그가 처음의 문제를 잊어버리고 결국 내 말대로 움직이게 된 것은 처음부터 그에게 '네.'라고 대답하게끔 유도했기 때문이라고 생각합니다."

다음은 웨스팅 하우스사에 근무하는 세일즈맨 조셉 앨리슨의 이야기다.

"나는 담당 구역에 우리 회사의 제품을 꼭 팔고 싶은 상대가 있었다.

내 전임자는 10년간 그 사람을 쫓아다녔으나 헛수고였다. 나도 이 구역을 맡고는 3년간을 찾아다녔으나 역시 안 되었다. 그리고 이후 10번을 더 찾아다닌 끝에 겨우 서너 대의 모터를 팔 수 있게 되었다.

만약 그 모터의 성능이 좋으면 그 후부터는 반드시 수백 대의 주문을 받을 수 있으리라고 나는 기대하고 있었다. 성능은 반드시 좋은 것이 틀림없었으니까.

나는 삼 주일 후에 의기양양하게 그의 사무실로 찾아갔다.

그런데 찾아가 보니 기술 감독이 대뜸 이렇게 말하는 것이었다.

'앨리슨, 당신 회사의 모터는 이제 질색이야.'

나는 놀라면서 되물었다.

'왜, 도대체 무슨 이유입니까?'

'당신 회사의 모터는 너무 타서 섣불리 손을 댈 수가 없단 말이야.'

나는 이 경우에 화를 내서는 안 된다는 것을 오랜 경험으로 잘 알고 있었다. 나는 상대방에게 '네.'라고 말하도록 만들어 보고 싶었다.

'감독님, 감독님이 그렇게 말씀하시는 것은 지당합니다. 정말 너무 타게 되면, 그러한 모터를 더 사달라고 요구하는 것이 무리한 얘기입니다. 협회가 정해 놓은 규준보다 열이 나지 않는 제품을 고르는 것이 당연할 테니까요. 그렇지 않습니까? 감독님.'

그는 그렇다고 대답했다. 첫 번째의 '네.'를 얻은 셈이다.

다음에 나는 '협회의 규준에는 모터의 온도가 실내 온도보다 화씨 72도(섭씨 22도)까지 높이 올라가는 것은 인정되고 있지 않습니까?'라고 물었다.

그는 또 '네.'라고 대답했다. 그리고 나는 '그렇다면 그 모터는 더욱더 뜨거워질 것입니다.'라고 말했다.

그런 다음에 나는 계속해서 물어보았다.

'공장 내의 온도는 몇 도쯤 되겠습니까?'

그의 대답은 72도 정도로 짐작될 것이라고 했다.

그래서 나는 '그런 공장 내의 온도를 72도라고 한다면 거기에 72도를 더 가산하면 144도가 됩니다. 144도의 뜨거운 물에 손을 넣으면 상처를 입게 되겠죠?'라고 되물었다.

그는 역시 '네.'라고 대답하지 않을 수가 없었다.

나는 계속해서 물었다.

'그렇게 되면 모터에는 손을 대지 않도록 조심하지 않으면 상처를 입겠죠?'

그러자 그는 '하긴 그렇구먼. 당신 말이 옳소.'라고 마침내 승복하고 말았다.

그러고 나서 한참 동안 우리는 다른 잡담을 나누다가 한참 후에, 그는 약 35,000달러 치의 물건을 내게 주문했다.

시비를 하면 손해를 본다. 상대의 입장이 되어서 사물을 생각하는 것은 시비하는 것보다도 오히려 흥미가 있고 더구나 비교가 안 되는 만큼 이익이 있다. 생각해 보니 나는 매우 오랫동안 시비 때문에 막대한 손해를 보아왔던 것이다."

인류의 사상에 일대 변화를 가져다 준 아테네의 대철학자 소크라테스는 사람을 설득하는 요령에 있어서는 고금을 통해서 제1인자라고 한다.

그 소크라테스는 상대의 잘못을 지적하는 일은 결코 하지 않았다. 소위 '소크라테스식 문답법'으로 상대로부터 '네.'라고 답을 이끌어내는 것을 주안점으로 삼고 있었다.

그는 우선 상대방이 '네.'라고 말하지 않을 수 없는 질문을 한다. 다음의 질문도 역시 '네.'라는 대답을 이끌어내는 질문이 되풀이되는 그런 과정을 통해 상대방은 자신이 최초에 부정하고 있었던 문제에 대해서 어느 사이에 '네.'라는 대답을 하게 되는 것이다.

상대의 잘못을 지적하고 싶으면, 소크라테스의 얘기를 생각하고 상대방에게 '네.'를 말하도록 유도해 볼 일이다.

중국의 옛말에 '부드러움이 능히 강한 것을 꺾는다.'라는 격언이 있다.

5천 년의 역사를 가진 민족에게 어울리는 명언이 아닌가.

상대방이 말하게 해야 한다

 만일 당신이 적을 만들고 싶으면 상대방을 이기도록 해야 한다. 그러나 자기편을 만들고 싶으면 상대방으로 하여금 당신을 이길 수 있도록 해야 한다.

상대를 설득시키려고 자기 혼자서 계속 지껄이는 사람이 있다.

세일즈맨에게 특히 이러한 잘못을 저지르는 사람이 많다. 그러나 상대방을 설득시키기 위해서는 상대방으로 하여금 충분히 말하도록 만드는 것이 좋다. 본인에 대해서는 본인이 가장 잘 알고 있으므로 상대방 스스로 말을 하도록 만드는 것이 좋다는 얘기다.

상대방이 말하는 중에 이의를 제기하고 싶어도 참지 않으면 안 된다. 상대가 말하고 싶은 문제를 아직 가지고 있는 한 이쪽에서 무슨 말을 해도 소용이 없다. 넓은 마음으로 참을성 있게 더구나 성의를 가지고 들어주며, 거리낌 없이 자기 의견을 말하도록 한다.

이 방법을 사업에 이용하면 어떨까?

그런데 부득이 어찌할 도리 없이 파탄에 빠진 어느 사람의 체험담을 다음에 인용해 설명해 보자.

수년 전에, 미국 굴지의 자동차 회사가 차내 장식용 직물류 일 년 치 분량을 구입하려고 하고 있었다. 세 군데의 유명 브랜드 회사에서 견본을 보내왔다. 자동차 회사의 중역들은 그 견본을 세밀히 검토한 후에 담당 브랜드 회사에 각각 통지를 보내고 최종적인 설명을 들은 후에 계약을 할 예정이니 지정된 날짜에 찾아오라고 말해 놓았다.

이윽고 당일날, 한 브랜드의 대표자 R 씨가 몸이 불편한 데도 불구하고 자동차 회사를 방문했다. (그는 심하게 후두염을 앓고 있었다.)

다음은 그 R 씨가 실제로 겪은 체험담이다.

"내가 설명할 차례가 돌아왔다. 자기 회사의 입장을 말해야 하는 데도 목에서 소리가 나올 것 같지 않았다. 가는 소리조차 나오지 않는 처지였다. 나는 별도의 어떤 방으로 안내되었는데, 그 방 안에는 사장을 비롯해서 각 부분의 책임자가 쭉 둘러앉아 있었다.

나는 일어서서 말을 하려고 했으나 내 목은 '시익, 시익' 소리만 날 뿐이었다.

그래서 나는 한 장의 종이쪽지에 '목을 앓고 있어서 소리가 나오지 않습니다.'라고 적어서 내놓았다.

그것을 본 사장이 '그럼 당신을 대신해서 내가 말해 주겠소.'라고 입을 열었다. 그리고 나의 견본을 펼치더니 그 장점을 자랑하기 시작했다. 그러자 나의 물건에 대해서 활발한 의견이 각 책임자로부터 제기되었다. 사장은 나의 대역을 맡고 있는 형편이 되었기 때문에 부득이 나의 편을 들게 되었다. 나는 다만 미소를 짓거나, 머리를 끄덕이거나 하는 따위의 몸짓만 보이고 있어도 그것으로 족했다.

이 엉뚱한 회담의 결과, 나는 50만 마일의 천을 주문받는데 성공했다. 금액으로 따져도 160만 달러이다. 내게 있어서는 난생처음의 큰 거래였다.

그때 만약 내가 후두염을 앓고 있지 않았다면 도저히 그 주문은 딸 수가 없었을 것이다. 나는 그때까지 사업을 하는 방식에 대해서 터무니없는 잘못된 생각을 가지고 있었던 것이다.

그전에 나는 자기편에서 말하기보다는 상대편에게 말하게 하는 것이 이익이 더 많은 경우가 있다는 것을 알지 못했던 것이다."

필라델피아 전기회사의 조셉 S. 웹도 이와 비슷한 경험을 한 적이 있었다. 웹 씨는 언젠가 펜실베니아주의 부유한 네덜란드 사람들이 모여 사는 농업지대를 시찰한 적이 있었다.

깨끗하게 손질이 잘되어 있는 농가의 앞을 지나가면서 웹 씨는 '어째서 이 부근의 농가에서는 전기를 사용하지 않는 것일까?'라고 그 지역 담당의 동행자에게 물어 보았다.

그러자 담당자가 이렇게 말하는 것이었다.

"워낙 인색한 구두쇠 영감들이 모여 살고 있기 때문에 아무리 권해도 안 됩니다. 게다가 회사에 대해서 반감조차 가지고 있답니다. 지금까지 몇 번이나 권유해 보았으나 얘기 상대가 되질 않습니다."

사실 그럴지도 모르겠지만 어쨌든 웹 씨는 한번 직접 맞부딪쳐 보려고 그중 한 농가를 찾아갔다.

　다음은 웹 씨의 이야기다.

　"그 부인은 우리가 전기회사 사람인 것을 알자 문을 닫아 버렸다. 나는 몇 번이나 노크를 했다. 마지못해 문은 다시 열렸으나 이번에는 험한 기세로 우리에게 욕을 퍼붓는 것이었다.

　'부인, 소란을 피워서 죄송합니다. 실은 저는 전기 용건 때문에 찾아온 것이 아니고 달걀을 살까 하고 찾아왔습니다.'

　부인은 의심쩍은 얼굴로 나를 쳐다보며 문을 좀 더 열어 주었다.

　'댁의 닭은 참 훌륭합니다. 도미니크종 같은데……. 달걀 한 꾸러미를 파실 수 없겠습니까?'

　그러자 부인이 호기심 어린 눈으로 내게 물었습니다.

　'어떻게 도미니크종이라는 걸 아셨어요?'

　'나도 닭을 치고 있습니다만 이렇게 훌륭한 닭은 본 적이 없습니다.'

　'그러시면 댁의 달걀을 쓰시면 될 게 아닙니까?'

　그녀는 아직도 석연치 않다는 눈치였다.

　'우리 집에서 기르고 있는 닭은 레그혼종이기 때문에 흰 달걀밖에 낳지 않습니다. 부인께서는 직접 요리를 하시니 아시리라 생각합니다만 과자를 만들려면 흰 달걀보다도 노란색의 달걀이 훨씬 좋답니다. 우리 집사람은 과자 굽는 것이 자랑이죠.'

이렇게 얘기를 주고받자 그녀의 마음도 훨씬 누그러지고 강아지까지 달려 나왔다. 그동안에 나는 주위를 살펴보고 이 농장에 낙농 설비까지 갖추어져 있는 것을 알았다.

나는 계속해서 물었습니다.

'부인께서 기르고 있는 닭이 아마 젖소의 우유보다도 훨씬 이윤이 있다고 생각합니다만 어떻습니까?'

나의 이 말이 멋지게 주효했다. 이것이야말로 그녀가 남에게 얘기를 하고 싶어 못 견디는 문제였다. 그녀의 완고한 남편은 내가 지적한 사실을 인정하려고 하지 않는다는 것이다.

그녀는 우리를 닭장으로 안내했다. 그곳을 돌아보는 동안에 나는 그 부인이 만들었다고 생각되는 여러 가지 장치를 발견했기 때문에 진심으로 그것을 칭찬했다. 나는 사료는 어떤 것이 좋다든지 온도는 몇 도 정도가 적당하니 그렇게 하라고 권하는 한편 그녀로부터 양계에 대한 온갖 얘기를 가르침 받았다.

결국 우리는 서로가 아주 쌍방의 벽을 허물고 즐겁게 경험담을 얘기하면서 시간을 보냈다.

그러자 그녀는 닭장에 전등을 켜서 좋은 성적을 올리는 농가가 이웃에 있는 모양인데 과연 정말 그것이 유리한지 어떤지 솔직한 얘기를 들려달라고 내게 말했다.

2주일 후 그 부인의 닭들은 밝은 전등 아래에서 만족스럽게 모이를 쪼고 있었다. 나는 전기공사의 주문을 맡고 그녀는 보다 많은 달걀을 얻을 수 있었다. 만사가 잘된 것은 두말할 여지도 없다.

그런데 이 이야기의 가장 중요한 요점은 만약 내가 처음에 그녀에게 말을 하도록 하지 않았다면 내 세일즈는 실패하고 말았을 것이다. 강제로 권하거나 팔려고 하지 말고 상대방의 마음을 돌리게 하는 것이 요령이다."

또 하나의 예를 들어보자.

뉴욕 '헤럴드 트리뷴'지의 경제란에서 '경험 있는 우수한 인물'을 구하는 구인광고가 나와 있는 것을 보고 찰스 T. 큐베리스가 응모를 했다.

며칠 후, 그 사람 앞으로 면접 통지서가 왔다. 면접에 앞서 그는 월가로 가서 그 회사의 설립자에 대한 자세한 조사를 해두었다.

면접 당일 날, 그는 사장에게 물었다.

"이렇게 훌륭한 업적을 가진 회사에서 일할 수 있는 것이 저의 소망이라고 생각합니다. 들은 바에 의하면 28년 전에 거의 무일푼으로 이 회사를 시작하셨다는데 그게 사실입니까?"

대개 성공한 사람들은 젊었을 때 자신이 걸은 가시밭길을 회상하는 것을 좋아한다. 이 사장도 예외가 아니었다.

겨우 450달러의 자금과 독자적인 아이디어만으로 발족할 당시의 고충을 길게 이야기하기 시작했다. 일요일도 공휴일도 쉬지 않고 모든 장애와 싸워서 드디어 현재의 지위를 쌓아올렸으며 지금은 월가의 일류인사들이 오히려 그의 의견을 구하러 오게 되었다고 사장은 말했다.

그는 확실히 자기 자랑을 할 만한 가치가 있는 성공을 거둔 인물로서 그 얘기를 들려주는 것이 무척이나 즐거운 것 같았다. 고생담이 끝나자 그는 큐베리스의 이력에 관해서 간단한 질문을 한 후, 부사장을 부르더니 "이 사람을 채용하시오."라고 했다.

큐베리스 씨는 상대방의 업적을 조사하는 수고를 했다. 그것은 상대에게 관심을 보인 것이다. 그리고 상대에게 이야기를 하게 만들고 좋은 인상을 심은 것이다.

친구나 동지들 사이라 할지라도 상대방의 자기 자랑을 듣는 것보다는 자기의 공훈담을 이야기하고 싶은 것이 사람이다.

프랑스의 철학자 라 로슈프코는 이렇게 말했다.

"만일 당신이 적을 만들고 싶으면 상대방을 이기도록 해라. 그러나 상대방으로 하여금 당신을 이길 수 있도록 해라."

그 이유는 사람은 누구나 상대방보다 뛰어날 경우 스스로 중요성을 느끼지만, 그 반대의 경우에는 열등감을 가지고 선망과 질투를 일으키기 때문이다.

독일의 속담에는 이런 말이 있다.

"남의 실패에 대한 기쁨 이상의 기쁨은 없다."

분명히 우리 친구 중에는 우리의 성공보다는 실패를 기뻐하는 사람이 있을 것이다. 그러니까 자기의 성공은 될 수 있으면 비밀스럽게 이야기해야 한다. 이 방법은 반드시 효과가 있을 것이다.

스스로 생각하게 해야 한다

이런 예가 있다.

내 강연회에 참가한 필라델피아의 아돌프 젤스 씨는 자동차 판매의 부진으로 그 부하 세일즈맨들이 모두 기가 꺾여 있는 것을 보고 그들을 격려할 필요성을 느꼈다.

그리하여 그는 판매회의를 열어서 그들의 요구를 기탄없이 발표하도록 권유했다. 그는 그들의 요구사항을 칠판에 적은 후, 직원들에게 다음과 같이 말했다.

"여러분의 의견을 모두 들어주겠습니다. 그러기 전에 먼저 여러분이 나를 위해 할 수 있는 일이 무엇인지, 그것에 대해 말해 주기 바랍니다."

그러자 부하들은 즉석에서 대답했다. 충성을 맹세하는 사람이 있는가 하면, 정직함과 적극성, 낙천주의, 팀워크 등을 약속하는 사람, 하루 8시간의 노동을 제시하는 사람, 그들 중에는 또 14시간 노동을 기꺼이 하겠다고 하는 사람도 나왔다.

회의는 용기를 북돋아주고 격려를 한 다음 끝냈다. 그리고 그 후 판매 성적은 놀라울 만큼 향상되었다.

이에 대해서 젤스 씨는 다음과 같이 말하고 있다.

"세일즈맨들은 나와 일종의 도의적인 계약을 맺었다. 내가 그 계약에 따라서 행동하는 한 그들도 역시 그와 같이 행동하려고 결심한 것이다. 그들의 희망이나 의견을 들어준 적이 기사회생의 묘약이 된 것이다."

상대방으로부터 강요를 당하고 있다든지, 명령을 받고 있다든지 하는 느낌은 어떤 사람이든 싫은 것이다. 그것보다도 자주적으로 행동하고 있다는 느낌이 오히려 훨씬 바람직하다.

자기의 희망이나 욕망이나 의견을 남이 들어주는 것은 기쁜 일이다.

유진 웨슨의 예를 인용해서 생각해 보자.

그는 이 진리를 납득하기까지 수수료로 수천 달러나 손해를 보았다. 웨슨 씨는 직물 제조업자에게 아이디어를 공급하는 스튜디오에 밑그림(본을 뜨는 사본 그림)을 팔아넘기는 것이 그의 업무였다.

그는 뉴욕의 어떤 일류급 디자이너를 3년간 매주 방문하고 있었다.

웨슨 씨는 그 디자이너에 대해 이렇게 말하고 있다.

"그는 언제나 만나주기는 하지만 한 번도 제 디자인을 사주지는 않았습니다. 제 스케치를 천천히 들여다보고는 반드시, '안 되겠군요. 웨슨 씨. 역시 마음에 들지 않아요.'라고 말할 뿐입니다."

무려 150회의 실패를 거듭한 후에 웨슨 씨는 생각하는 방식을 바꿀 필요가 있다고 생각했다. 그래서 그는 사람을 다루는 요령에 관한 강연회에 일주일에 한 번씩 나가기로 결심을 했다. 그리고 새로운 사고방식을 배우고 다시 용기를 냈다.

그는 새로운 방식을 실험하기 위해서 미완성의 그림을 몇 장 가지고 그것을 구매자 사무실로 찾아갔다.

"실은 여기에 미완성의 스케치를 가져왔습니다만 이것을 어떻게 완성시키면 선생님에게 쓸모가 있겠습니까? 지장이 없으시다면 가르쳐주셨으면 합니다."

이렇게 그가 부탁을 하자 그 디자이너는 스케치를 말없이 쳐다보고 있다가 이윽고 말했다.

"웨슨 씨, 2~3일 동안 맡아둘 터이니 한번 더 와줘요."

3일 후에 웨슨 씨는 다시 디자이너를 찾아가서 여러 가지 의견을 들은 다음에 스케치를 도로 가지고 와서 주문대로 완성했다.

그 결과는 물론, 그림을 몽땅 팔게 되었다.

이것은 지금부터 9개월 전의 일이지만 그 이후 이 디자이너는 수많은 스케치를 웨슨 씨에게 주문 의뢰하고 있다.

그것들은 모두 디자이너의 아이디어에 의해 그려진 것임을 말할 것도 없다. 결국 웨슨 씨가 말하는 바에 의하면 꼭 1,600달러 이상의 그림 제작 수수료가 굴러 들어왔다고 한다.

그때의 일에 대해 웨슨 씨는 이렇게 말한다.

"제가 몇 해 동안이나 그림 팔기에 실패한 것은 당연한 일이었다는 것을 깨달았습니다. 그때까지 저는 이쪽의 의견을, 즉 자신의 생각을 강매하려고만 했던 것입니다. 하지만 지금은 거꾸로 상대에게 의견을 말하게 하고 있습니다. 상대방은 자기가 디자인을 창작하고 있다고 생각합니다. 사실이 그런 것입니다. 그러니까 이쪽에서 강매할 필요가 없습니다. 상대가 사게 되는 것입니다."

루스벨트가 뉴욕주 지사를 지내고 있을 때, 깜짝 놀라운 곡예를 연출해 보인 일이 있다. 그는 정치 보스들과 친근하게 지내면서 그들이 반대하고 있는 정책 개혁을 강행한 것이다.

그때에 취한 방법을 소개하면 다음과 같다.

그는 중요한 포스트를 보충할 때는 정계의 보스(대표급 인사)들을 초청해 후보자를 추천하도록 시켰다. 루스벨트는 그것에 관해서 다음과 같이 설명하고 있다.

"보스들이 최초에 들고 나오는 인물은 대개 자기 정당에서 뒤를 돌봐주어야 할 그런 대단치도 않은 인물들이다. 나는 그러한 인물은 시민들이 수궁하지 않으니까 안 될 것이라고 일러준다.

다음에 그들이 추천하는 인물은 기껏해야 자기 정당의 끄나풀로서 아무런 장점도 단점도 없는 그러한 관리의 선임이다. 나는 보스들에게 좀 더 시민들이 납득할 수 있는 적임자를 물색해서 천거해 달라고 부탁한다.

세 번째는 그만하면 합격할 듯하지만 역시 좀 더 딱 들어맞는 인물이 아니다.

　나는 보스들에게는 협력에 감사하고 한 번만 더 생각을 해봐달라고 부탁한다. 그러면 네 번째는 비로소 나의 심중에 생각하는 사람과 일치한다. 그때서야 나는 그들에게 감사하고 그 사람을 임명한다.

　말하자면 보스들에게 꽃다발을 안겨주는 셈이다. 마지막으로 나는 그들에게 말한다.

　'당신들에게 기쁨을 주기 위해서 이 인물을 임명합니다만 다음은 여러분이 나를 기쁘게 해주어야 할 차례가 되었습니다.'"

　사실 그들은 루스벨트를 기쁘게 해주었다. 그들은 루스벨트가 상정한 법안이라든가, 독점 세법안 따위와 같은 대개혁안을 적극 지지해 준 것이다.

　요컨대 루스벨트는 상대방에게 상의할 것을 교섭하면서 가능한 한 상대방의 의견을 받아들이고, 그들로 하여금 그것이 자기 자신의 뜻인 양, 상대가 생각하도록 만들어 놓고 협력을 시키는 것이다.

　롱아일랜드의 어느 자동차 판매업자는 스코틀랜드인 부부에게 이와 같은 방법을 사용해서 중고 자동차를 팔았다.

　그는 그 부부에게 차례로 차를 구경시켰으나 그때마다 트집을 잡았다. 어울리지 않는다든가, 쿠션이 나쁘다든가, 값이 너무 비싸다는 등 말이 많았다. 특히 값에 대해서는 어느 차이든지 모두 비싸다고 했다.

이 판매업자는 내 강연회의 수강자였는데, 마침내 그가 이 문제를 들고 나와서 우리의 의견을 구했다.

우리는 굳이 팔려고 서두를 필요 없이 상대방으로 하여금 차를 사고 싶도록 만드는 것이 중요하다고 그에게 충고했다. 말하자면 사는 사람을 이쪽이 시키는 대로 만들려고 하지 말고 거꾸로 사는 사람의 마음대로 되어 주어서 상대의 의견으로 이쪽이 움직이고 있다고 생각하게 만드는 것이다.

그는 당장에 이 방법을 사용해 보았다.

며칠 후 중고차를 팔고 새 차를 사고 싶다고 신청하는 어떤 고객이 있었다.

그러자 그는 이 중고차가 스코틀랜드인의 마음에 들 것임에 틀림없다고 생각했다. 그리하여 즉각 전화로 스코틀랜드인에게 의견을 물을 일이 있으니 와줄 수 없느냐고 이야기했다.

그는 스코틀랜드인이 찾아오자, 이렇게 부탁했다.

"자동차를 보는 선생님의 안목이 높은 것은 우리 장사꾼들도 당할 수가 없습니다. 제가 이 차를 얼마로 사들여야 좋을지…… 적당한 가격을 매겨주실 수 있겠습니까?"

스코틀랜드인은 마음이 우쭐한 것처럼 썩 기분이 좋아 보였다. 드디어 그의 의견을 구할 수 있었다. 그의 능력이 인정받게 된 것이다. 그는 그 차를 몰고 자메이카에서 퀸즈 대로를 달려 포리스트 힐까지 드라이브를 하고 돌아오더니 다음과 같이 말했다.

"300달러가 알맞은 값입니다."

"그래요? 그럼 이 차주가 300달러에 내놓는다면 선생님은 얼마에 이것을 사시겠습니까?"

300달러, 그것은 그 자신이 매긴 가격이다. 물론 흥정은 그 자리에서 이루어졌다.

어떤 X선 장치 제조업자가 브루클린의 대병원에서 이와 같은 심리를 응용해 자기 회사의 제품을 팔 수 있었다.

이 병원은 미국에서 제일가는 X선과를 창설하려고 하고 있었다. 업자들은 저마다 자기 사의 제품에 대한 안내서를 내놓고 구입을 요구하는 바람에 X선과 담당인 L 박사는 그야말로 골머리를 앓고 있었다.

그중에 교묘한 한 업자가 있었다. 그는 다른 업자들과 비교가 안 될 만큼 교묘하게 사람의 심리를 포착했다.

다음과 같은 편지를 L 박사에게 제출한 것이다.

폐사에서는 최근 X선 장치의 최신형을 완성했습니다. 마침 지금 막 그 첫 번째 제품이 사무실에 도착했습니다. 물론 이번 제품은 완전한 것이라고는 결코 생각하고 있지 않습니다. 더 한층 개량에 노력하고자 생각하고 있습니다. 말씀드릴 것은 매우 죄송스러운 말씀이오나 한번 박사님의 검사를 받고 개량 방법에 대한 의견을 들려주실 수 있다면 더없는 영광으로 생각하겠습니다. 바쁘시겠지만 승낙해 주신다면, 저희 차를 보내드리겠습니다.

내 강연회에서 L 박사는 그때의 일을 이야기해 주었다.

"그 편지는 뜻밖이었습니다. 의외인 동시에 기쁘기도 했습니다. 나는 그때까지 X선 장치 제조업자로부터 의견을 요구받은 일은 한 번도 없었는데, 그 편지는 내게 사명감을 준 것입니다.

그 주에는 매일 밤 약속이 있었으나 그 장치를 검사하기 위해서 어느 날 밤의 약속 하나를 취소했습니다. 그런데 그 장치는 보면 볼 수록 내 마음에 들었습니다.

나는 그것을 살 것을 강요당한 것이 아니라, 병원을 위해서 그 장치를 사기로 한 것은 내 마음이 자발적으로 움직였기 때문입니다. 나는 그 장치의 우수함에 반해서 그 즉시 계약을 맺었던 것입니다."

우드로 윌슨 대통령의 재임 중에 에드워드 W. 하우드 대령은 국내 및 외교 문제에 있어서 막대한 영향력을 가지고 있었다. 윌슨은 중대한 문제에 대해서 하우드 대령을 각료 이상으로 신뢰하고 있었다.

대령은 어떤 방법으로 대통령의 신뢰를 획득할 수 있었을까? 대령 자신이 아더 D. 하우든 스미스에게 그것을 밝힌 적이 있었는데, 다음은 '새터데이 이브닝 포스트'지에 기고한 스미스의 글이다.

하우드 대령은 대통령에 대해서 다음과 같이 말하고 있다.
대통령을 알게 된 후부터 자각하게 된 일이지만, 그를 어떤 문제에 유도하기 위해서는 그것을 슬쩍 아무것도 아닌 것처럼 그의 마음에 새기게 하여 그가 관심을 갖도록 하는 것이 가장 좋은 방법이다.

말하자면 그가 자주적으로 그것을 생각하게 된 것처럼 꾸미는 일이다.

처음에 나는 엉뚱한 일로 이 사실을 알게 되었다. 어느 날, 나는 백악관에 대통령을 방문해 어떤 문제에 대해서 논의를 했다. 그는 반대하는 입장을 취하는 것 같았다. 그런데 며칠 후 만찬회 석상에서 그가 발표한 의견이 앞서 내가 그에게 이야기한 것과 똑같았다. 이렇게 되었을 때 나는 놀라지 않을 수 없었다.

그래서 하우드 대령이 '그것은 대통령의 의견이 아니지 않습니까? 애당초 저의 의견입니다.'라고 반박했겠는가?

대령은 결코 그렇게 말하지 않았다. 대령은 명분보다는 실리를 추구했다. 그 의견은 어디까지나 대통령의 것이라는 것과 그리고 대통령 자신에게도 또한 다른 사람에게도 그렇게 생각하도록 두었다. 대통령에게 꽃을 안겨준 셈이다.

우리의 교섭 상대는 모두 윌슨과 같은 인간이라는 것을 염두에 두고, 하우드 대령의 방법을 크게 이용해야 한다.

수년 전, 뉴브런즈윅에 살고 있는 사람이 이 방법을 사용해 나를 단골손님으로 만들어 버렸다.

그때의 이야기는 이렇다.

나는 낚시와 뱃놀이를 겸해서 뉴브런즈윅에 갈 계획을 세워서 교통공사에 문의 편지를 보냈다.

이쪽의 주소, 성명을 아마 리스트에 적어 넣은 모양이었다. 그랬더니 즉각 수많은 광장 안내소에서 무수한 안내서와 팸플릿이 날아들어왔다.

도대체 어느 것이 좋은지 도무지 알 수가 없었다.

그런데 그 속에 '산의 집'에서 숙박한 적이 있다는 뉴욕 거주자의 이름과 전화번호가 나란히 적혀 있는 팸플릿이 눈에 띄었다. 아마 그분들에게 전화로 그 '산의 집'의 상황을 문의해 봐달라고 적혀 있는 듯했다.

놀란 것은 그 명부에 바로 내가 알 수 있는 사람의 이름이 나와 있다는 사실이었다.

나는 당장에 그에게 전화를 걸어서 물어 보았다. 그리고 그 '산의 집'에 예약을 신청했다.

다른 사람은 내게 강매하려 했으나, 그 '산의 집' 주인은 내게 사고 싶은 마음을 일으키게 했다. 그의 승리였다.

상대방의 입장이 돼봐야 한다

　　남에게 무슨 일을 부탁하려고 할 때는 우선 눈을 감고 상대의 입장에서 일을 생각해보자. '어떻게 하면 상대방이 그것을 하고 싶어 할까?' 하고 생각해볼 일이다.

　상대방이 틀렸을지도 모르지만 어쨌든 자기가 잘못되어 있다고는 결코 생각지 않는 것이 사람의 습성이다. 그러니까 상대방을 비난한들 소용이 없다. 비난은 어떤 바보라도 할 수 있다. 이해하도록 노력하지 않으면 안 된다. 현명한 사람은 상대방을 이해하려고 노력한다.

　상대방의 말과 행동에는 저마다 그럴 만한 상당한 이유가 있을 것이다. 그 이유를 찾아내지 않으면 안 된다. 그렇게 하면 상대의 행동을 더욱이 상대의 성격에 대한 열쇠까지도 잡을 수 있다.

　진심으로 상대방의 입장이 되어 보도록 해야 한다.

　"만약 내가 상대방이라면 과연 어떻게 느끼고, 어떻게 반응할 것인가?"

늘 이렇게 자문자답해 보아야 한다.

이런 훈련을 하게 되면, 화를 내는 게 얼마나 어리석은 짓인지를 깨닫게 될 것이다. 원인에 흥미를 가지면 결과에도 동정을 갖게 된다. 그리고 사람을 다루는 요령이 한층 숙달될 것이다.

케네스 M. 구드는 그의 저서에서 다음과 같이 언급하고 있다.

"스스로 자기 반성을 해보고, 자기에 대한 강렬한 관심과 상대방에 대한 어중간한 관심을 비교하고, 다음에 인간은 모두 비슷비슷하다는 것을 고려하면 모든 직업에 필요한 원칙을 파악할 수 있다. 말하자면 사람을 다루는 비결은 상대의 입장을 동정하고 그것을 잘 이해하는 일이다."

우리 집 근처에 공원이 하나 있는데, 나는 언제나 그곳에서 기분 전환을 한다.

나는 평소부터 떡갈나무에 대해서 경건에 가까운 애정을 품고 있다. 그런데 그 어린 나무가 부주의로 인해서 항상 불태워지는 것을 보면 슬픈 생각을 억제할 수가 없다.

그 화제의 원인은 담배꽁초 때문이 아니라, 대개는 청소년들이 숲 속에서 소시지와 달걀을 구워먹은 후, 불씨 처리를 소홀하게 하는 것이 원인이었다. 때로는 큰불로 번져 소방차가 동원되는 경우도 있다.

〈모닥불을 금함. 위반자는 처벌함〉

이런 게시판이 공원 한구석에 세워져 있지만, 그것은 사람의 눈에 띄지 않는 곳에 있기 때문에 그 효과를 기대할 수가 없었다.

기마경찰이 공원의 안전과 경계를 맡고 있지만, 엄중하게 단속하고 있지 않기 때문에 화재는 끊이지 않았다.

나는 언젠가 화재를 발견했고, 경찰에게 달려가 곧 소방서에 연락해 달라고 요청했다. 그런데 놀란 사실은 자기 담당구역이 아니기 때문에 할 수 없다는 냉담한 대답이었다.

그 이후, 나는 말을 타고 산책할 때는 공원 보안관이 된 것처럼 행동했다. 그리고 처음에는 청소년들의 입장에 대해서 생각해 보려고 하지 않았다.

숲속의 모닥불을 보면 그저 한심해서 정의감에 불타고 자칫 그릇된 방법을 취하기도 했다.

나는 소년들의 옆으로 뛰어가서 불을 피우면 처벌을 받으니까 그만두라고 노발대발해 명령할 뿐만 아니라, 그래도 듣지 않는 경우에는 경찰에게 체포하도록 하겠다고 위협했다.

나는 소년들의 입장 같은 것은 조금도 신경 쓰지 않았고 자기의 판단만이 옳다고 믿고 그 마음이 시키는 대로 했다.

그 결과, 소년들은 마지못해 내가 시키는 대로 했다. 마음속으로는 화가 나고 내키지 않으면서도 시키는 대로 했다. 그러나 내가 그곳을 떠나면 그들은 다시 또 모닥불을 피웠을 것이다. 큰불이 일어나서 공원이 전소해 버렸으면 마음이 시원하겠다고 생각했을지도 모른다.

지금 같으면 어느 정도 다음과 같이 말할 것이다.

"애들아, 오늘은 아주 재미있는 모양이구나. 맛좋은 게 많구나. 나도 너희들처럼 이렇게 친구들과 숲속에서 요리를 만들고 불장난하기를 좋아했지. 물론 지금도 좋아해.

그러나 너희들도 잘 알고 있으리라고 생각하지만 여기서 모닥불을 피우는 것은 위험해요. 너희들이야 물론 불을 낼 염려는 없다고 생각하지만, 다른 애들 중에는 조심성이 없는 경우가 있단 말이야.

그래서 마른 잎에 불이 붙어서 큰 사고를 내는 일이 간혹 있단 말이야. 여간 조심하지 않으면 이 공원이 몽땅 타버릴 거야.

그리고 여기서 모닥불을 피우면 처벌을 받게 되어 있지. 너희들의 재미나는 모양을 보니 너무 심한 얘기는 할 수가 없군. 너희들이 잘 노는 것을 보면 마음이 흐뭇하단 말이야.

그 대신에 모닥불 가까이의 낙엽은 전부 멀리 치워버려야 해요. 그리고 돌아갈 때는 잊지 말고 많은 흙을 뿌려서 불을 완전히 꺼버려야 해요.

이다음에 모닥불을 피울 때는 뒤쪽 언덕 너머의 모래땅에서 하면 안전하지. 거기 같으면 불날 염려는 없으니까. 그럼 잘 놀다 가도록 해요."

같은 말이라도 이런 식으로 타이르면 효과는 전혀 다를 것이다. 소년들도 협력할 생각이 난다. 불평, 불만도 없을 뿐더러 강제성도 없다. 아울러 그들의 체면도 서게 된다.

상대방의 입장을 생각해 줌으로써 서로 기분 좋은 결과를 얻을 수 있는 것이다.

남에게 무슨 일을 부탁하려고 할 때는 우선 눈을 감고 상대의 입장에서 생각해보자.

'어떻게 하면 상대방이 그것을 하고 싶어 할까?'를 생각해봐야 한다. 좀 귀찮은 방법이긴 하지만, 그러나 그렇게 해서 좋은 결과를 쉽게 얻을 수 있다면 이 얼마나 훌륭한 대인 관계법이겠는가?

하버드 대학의 도남 교수는 다음과 같이 말했다.

"나는 다른 사람을 방문할 때, 미리 이쪽에서 말할 것을 충분히 생각하고 그것에 대해서 상대방이 무엇이라고 대답할 것인가를 뚜렷이 짐작이 설 때까지는 상대의 집 앞을 두 시간이고 세 시간이고 왔다 갔다 하면서도 그 안으로는 들어가지 않는다."

이 책을 읽고 상대편의 입장이 되어서 세상일을 깊이 판단할 줄 아는 요령만 터득하면, 이 책은 당신의 한평생에 있어서 그야말로 획기적인 역할을 하게 된 셈이다.

동정심을 가져야 한다

인간은 일반적으로 동정심을 원한다. 아이들은 상처를 보이고 싶어 한다. 때로는 동정을 구하고 싶어서 자기 스스로 상처를 만드는 일도 있다. 자기 연민의 정을 느끼고 싶어 하는 마음은 누구에게나 있는 법이다.

시비나 나쁜 감정을 소멸시키고, 상대방에게 선의의 마음을 갖게 하며 당신이 말하는 것을 조용히 듣도록 하는 마법의 문구가 여기에 있다.

"선생님이 그렇게 생각하시는 것은 당연합니다. 제가 만약 선생님이라도 역시 그렇게 생각할 것입니다."

이렇게 말하고 얘기를 시작하는 것이 상례이다.

아무리 심술궂은 인간이라도 이렇게 서두를 꺼내면 조용해지는 것이 보통이다. 더구나 상대의 입장이 되면 당연히 상대가 같은 생각을 가지게 되는 셈이니 이 문구에는 100퍼센트의 성의가 담겨져 있을 것이다.

가령 우리가 알 카포네(마피아 두목)와 똑같은 정신과 육체를 가지고 태어나서, 똑같은 환경에서 자라고 똑같은 경험을 쌓았다고 한다면, 카포네와 한 치도 다르지 않은 인간이 되고 카포네와 같은 일을 할 것이다.

우리가 뱀이 아니라는 유일한 이유는 우리의 부모가 뱀이 아니었기 때문이다. 우리가 소에게 키스를 하거나 뱀을 신성시하지 않는 이유는 우리가 힌두교도의 집에 태어나지 않았기 때문이다.

마음에 들지 않는 상대일지라도 그가 그렇게 된 데에는 그만한 충분한 이유가 있을 것이다. 그러니까 동정심을 가져 주어야 한다. 상대방을 위로하는 마음이 필요하다.

존 B. 가프는 주정꾼을 보면, '언제나 하나님의 은혜가 없으면 나 역시도 저렇게 되었을 것이다.'라고 말했는데 이러한 심정으로 남을 대할 필요가 있다.

우리가 교제하는 상대의 4분의 3은 모두 동정에 굶주려 있다.

그것을 베풀어주는 것이다. 그렇게 하면 상대로부터 호감을 사는 것은 정해놓은 이치이다.

나는 라디오에서 '청춘인생'의 작가 이야기를 방송한 일이 있다.

물론 나는 그녀가 매사추세츠주의 콩코드에서 불멸의 소설을 썼다는 사실을 분명히 알고 있었으면서도, 실수로 뉴햄프셔주의 콩코드라고 잘못 말해버렸던 것이다.

그런데 그것도 한 번이 아니고 두 번이나 말해버렸으니 청취자들이 가만히 있을 리가 없었다. 당장에 신랄한 비난의 편지와 전보가 계속 날아들었다. 분개하고 있는 사람이 대다수였으나 개중에는 모욕하고 있는 사람도 있었다.

매사추세추주의 콩코드에서 자라나서 필라델피아에서 살고 있는 보수주의자의 한 여성은 특히 이만저만 말썽이 아니었다.

설혹 내가 그 작가가 식인종이라고 말했다 하더라도 그처럼 노여워할 수는 없을 것이다.

나는 편지를 읽으면서 '하나님, 정말 감사합니다. 이런 여성과 결혼하지 않은 것이 얼마나 다행인지 모르겠습니다.'라고 마음속으로 말했다. 나는 다만 지리상의 착오였으나 그녀는 예의상의 큰 실수를 범하고 있는 것이다.

서두에 이러한 글을 써서 답장을 보내주고 싶었다. 그러나 그것은 어떤 바보라도 할 수 있는, 즉 바보는 대개 그런 식으로 얘기한다는 것을 깨닫게 되었다. 나는 바보가 되고 싶지 않았다. 그래서 나는 그녀의 적의를 호의로 바꾸어 보려고 결심했다.

말하자면 일종의 유희이다. 나는 내 자신에게 다음과 같이 말해 보았다.

"내가 만약 그녀였다면, 나는 역시 그녀가 취한 것과 같이 느꼈음에 틀림없다."

그래서 나는 상대의 입장을 이해하려고 노력했다. 그 후 필라델피아로 갔을 때 나는 그녀에게 전화를 걸어서 다음과 같은 대화를 교환했다.

나 : 지난번 편지는 참으로 고마웠습니다. 전화로 실례인 줄 압니다만 이렇게 감사의 말씀을 드립니다.

그녀 : (품위 있는 어조로) 실례입니다만 어디 누구시죠?

나 : 아직 뵌 적은 없습니다만 데일 카네기라는 사람입니다. 전날 제가 올코트 여사에 관한 얘기를 방송했을 때 매사추세츠와 뉴햄프셔를 뒤바꾸어서 터무니없는 실수를 한 것을 알고 계실 테지만 참으로 제가 경솔했던 것 같습니다. 그 사과의 말씀을 드리려고 합니다. 친절하게 일부러 편지까지 보내주셔서 뭐라고 감사의 말씀을 드려야 할지 모르겠습니다.

그녀: 어머, 그러세요. 실례했습니다. 저야말로 너무 심한 편지를 드려서 죄송합니다. 그땐 제가 좀 어떻게 되었던 모양입니다. 사과는 오히려 제가 드려야죠.

나 : 무슨 말씀을요, 부인이 사과하실 필요는 조금도 없습니다. 초등학교의 학생들도 다 알고 있는 일을 제가 잘못 전달했으니까요. 물론 그 다음 일요일의 방송에서 시정과 사과를 드렸습니다만 부인에게는 직접 사과를 드리고자 이렇게 전화했습니다.

그녀 : 저는 매사추세츠의 콩코드에서 태어났습니다. 애당초 저의 집은 매사추세츠에서도 옛날부터 이름 있는 가문으로 저는 제가 태어난 주를 매우 자랑으로 생각하고 있습니다. 그래서 선생님의 방송을 듣고서 너무 성급하게 그런 편지를 쓰게 되었습니다. 참으로 부끄럽습니다.

나 : 무슨 말씀을요, 부끄러운 것은 저입니다. 제가 틀렸다고 해서

결코 매사추세츠의 명예가 손상되는 것은 아닙니다만 저로서는 매우 마음이 괴로웠습니다. 정말 잘 알려주셨습니다. 이후에도 아무쪼록 잘 지도, 편달해 주시기를 바랍니다.

그녀 : 그렇게도 무례한 편지를 드렸는데도 조금도 화내시지 않으시니 선생님은 참으로 훌륭한 분이라고 생각합니다. 저야말로 부디 잘 부탁하겠습니다.

이렇게 해서 내가 그녀에게 사과를 하고 그녀의 입장에 동정을 하게 되니 그녀 쪽에서도 내게 사과를 하고 내 입장에 동정해 주었다. 나는 일시적인 노여움을 참았던 보람이 있었다고 생각하자 마음이 더욱 상쾌해졌다.

곧, 상대방을 헐뜯기보다도 상대에게 호감을 사는 편이 더욱더 유쾌한 일이라는 것을 깨닫게 되었다.

역대 대통령들은 매일 귀찮은 인간관계의 문제에 직면하게 된다. 물론 태프트 대통령 또한 예외가 아니었다.

그러나 그는 경험에 의해서 나쁜 감정을 중화시키는 데는 동정심이 절대적인 힘을 가지고 있다는 것을 알고 있었다. 태프트의 저서인 '봉사의 윤리학'이란 책 속에는 어떻게 해서 남의 반감을 누그러뜨릴 수 있었는지 여러 가지 흥미 있는 실례를 들어 보여 주고 있다.

그 한 대목을 소개하면 다음과 같다.

워싱턴에 있는 한 부인이 그녀의 아들을 어떤 지위에 앉히려고 6주간 이상이나 매일같이 내게로 오고 갔다. 그녀의 남편은 정계에서도 다소 이름이 알려진 사람이었다.

그녀는 수많은 상하양원을 자기편으로 끌어들여서 맹렬한 운동을 전개했다. 그러나 아들에게 필요한 지위는 전문적인 기술을 필요로 하기 때문에 나는 그 부처 책임자의 추천에 따라서 다른 사람을 임명했다.

그러자 그녀로부터 원한에 사무친 편지가 왔다. 내가 그렇게 해주고 싶은 마음만 있었다면 쉽사리 그녀를 기쁘게 해줄 수가 있었을 텐데, 그것을 하지 않았다는 것은 은혜를 모르는 사람이라고 말했다.

내가 특별히 관심을 가지고 있었던 법안을 통과시키기 위해서 그녀는 지역구 출신의 국회의원 모두를 설득해서 그 법안을 지지하게 했음에도 불구하고 은혜를 원수로 갚았다는 것이었다.

이러한 편지를 눈앞에서 보게 되면 누구나 참고 견딜 수가 없어서 그 무례함을 응징해 주고 싶을 것이다. 그래서 당장에 반박의 편지를 쓴다. 그러나 현명한 사람은 즉각 그것을 부치지 않는다. 책상의 서랍에 넣고 열쇠를 채운 뒤 2~3일이 지나서 다시 꺼내어 본다.

'그런 편지는 2~3일쯤 늦어도 무방하다.'

냉각기간을 두고 새로 읽어보면 발송할 생각이 나지 않는다.

나는 이 현명한 방법을 취했다. 나는 새삼스럽게 그녀에게 될 수만 있으면 친절한 편지를 쓰고 그녀의 실망은 충분히 이해하겠으나 그 인사 문제는 실제 있어서 나의 마음만으로는 할 수 없고 전문적인 기술을 가진 사람이 아니면 안 되었기 때문에 국장의 추천에 따르지 않을 수가 없게 되었으니 양해해 달라고 했다.

그리고 그녀의 아들은 현재의 직위에 그냥 있어도 그녀의 기대에 얼마든지 보답할 수 있으므로 더 한층 노력해 달라는 것을 강조해 두었다. 이 회답으로 그녀는 기분을 전환하고 전에 너무 실례되는 편지를 보내서 미안하다는 것을 사과했다.

그런데 내가 임명하기로 정해놓은 사람의 발령이 다소 시간을 끌었다. 그러고 있는 사이에 이번에는 그녀의 남편으로부터 편지가 왔다. 자세히 보니까 이전의 편지와 그 필적이 같았다. 그 편지에는 그 이후 아내는 너무 실망해 신경쇠약에 걸려 위암의 증상이 나타나서 현재는 빈사상태에 있다고 적혀 있었다.

아들을 임명해 주면 아내의 병도 나을 것이라고 했다.

그러나 그럴 수는 없었다. 나는 다시 한번 편지를 쓰지 않으면 안되었다. 이번에는 그녀의 남편 앞으로 보냈다. 부인의 병 진단이 잘 못되어 있기를 빈다고 말하고, 또 그녀의 병은 참으로 애처롭지만 이 인사문제는 변경할 수가 없다고 말해 주었다.

그때는 이미 임명이 된 뒤였다.

그가 편지를 받은 지 이틀 후, 나는 백악관에서 음악회를 개최했다. 그런데 맨 처음에 우리 부부에게 인사한 사람이 이 부부였다. 그 부인은 이삼 일 전만 해도 사활을 다투는 병석에 있었을 터인데……

솔 휴로크는 미국 음악계에서 일류급 매니저였다. 그는 20년간에 걸쳐서 샬리아핀, 이사도라 던컨, 파블로바 등과 같은 세계적으로 유명한 예술가들과 함께 일했다.

그는 성미가 까다로운 예술가들을 움직이기 위해서는, 그들의 유달리 뛰어난 개성에 대한 동정심이 철두철미하게 필요하며 그것을 무엇보다도 먼저 배웠다고 한다.

그는 샬리아핀의 매니저로서 3년간을 일했으나, 이 대가수의 괴팍한 성격 때문에 항상 골머리를 앓고 있었다.

가령, 샬리아핀이 밤무대에 서게 되어 있었는데 낮에 전화로 "기분이 나쁘다. 목의 컨디션이 좋지 않기 때문에 오늘 밤은 노래를 할 수 없다."라고 말하는 일이 흔히 있었다.

휴로크는 이미 그의 버릇을 알고 있었기 때문에 결코 역정을 내지 않았다. 매니저와 예술가는 시비가 하등의 소용이 없다는 것을 너무나 잘 알고 있었기 때문이다.

그리하여 시급히 샬리아핀의 호텔로 달려가서 열심히 사정을 해본다.

"이것 참 안 됐습니다. 노래하지 않는 편이 좋을 것입니다. 공연을 취소하도록 하겠어요. 무리하게 노래를 해서 평판이 떨어지는 것보다는 2,000달러의 계약을 취소하는 것이 당신에게는 훨씬 중요한 일입니다."

그러면 샬리아핀은 한숨을 지으며 말한다.

"좀 더 있다가 다시 한번 와주시지 않겠어요. 5시쯤에서 출연할 수 있을지, 어떨지 알게 될 것 같아요."

5시가 되자 그는 다시 호텔로 달려가서 먼저와 같은 식으로 동정심을 보이고 무리를 하지 말도록 권유했다. 그러면 샬리아핀은 '지금 좀 더 있으면 잘될지도 몰라요. 한번 더 다시 와주시지 않겠어요.'라고 말한다.

7시 30분, 개장 직전이 되어서야 샬리아핀은 겨우 출연할 것을 승낙했다. 그러나 미리부터 청중들에게 감기로 음성이 상해 있다는 것에 대한 양해를 구해놓는다는 조건이 붙어 있었다.

휴로크는 이러한 사정과 요령을 충분히 직감적으로 터득하고 있었기 때문에, 청중들에게 그대로 전달했다고 샬리아핀을 속여서 무대에 서게 했다. 어쩌면 그 이외에 방법이 없기 때문이다.

게이츠 박사의 유명한 저서 '교육심리학'에는 다음과 같은 말이 적혀 있다.

"인간은 일반적으로 동정심을 원한다. 아이들은 상처를 보이고 싶어 한다. 때로는 동정을 구하고 싶어서 자기 스스로 상처를 만드는 일도 있다. 어른도 마찬가지이다. 상처를 보이고 재난이나 병에 대해서 이야기를 한다. 특히 수술을 받았을 때의 이야기 같은 것을 보다 더 자세하게 이야기하고 싶어 한다. 불행한 자기에 대해서 자기 연민의 정을 느끼고 싶어 하는 마음의 정도의 차이는 있겠지만 누구에게나 있는 법이다."

⑦
아름다운 감정에 호소해야 한다

　　　　인간은 누구나 이상주의적인 경향을 가지고 있으며 자기의 행위에 대해서는 아름답게 꾸미는 이유를 달고 싶어 한다.

따라서 상대방의 생각을 바꾸게 하기 위해서는 이 아름답게 꾸미고 싶어 하는 심정에 호소하는 것이 유효할 것이다.

이것을 비즈니스에 응용하면 어떨까. 펜실베이니아주에서 아파트를 경영하고 있는 해밀턴 J. 파렐 씨의 경험을 들어보자.

파렐 씨의 아파트에는 계약 기한이 4개월이 남아 있는데도 한사코 이사를 가겠다는 사람이 있었다. 그는 매월 55달러의 월세를 내고 있었다.

다음 얘기는 파렐 씨가 내 강연회에서 공개한 것이다.

"그 가족은 우리 아파트에서 한겨울을 넘겼다. 겨울은 일 년 중에서 가장 경비가 많이 드는 시기이다. 가을이 되기까지는 아마 새로운 입주자를 구할 수 없을 것이다. 말하자면 내 입장으로 생각하면 220달러가 공중에 붕 떠버리는 것이다.

나는 화가 났다.

보통 때 같으면 나는 계약서를 들이대고 무리하게 꼭 이사를 가겠다면 계약 기간의 남은 월세를 지불하고 가라고 다그쳤을 것이다.

그러나 한편 생각해보니 그런 소란을 떨지 않고 해결할 수 있는 방법은 없을까 하고 궁리한 끝에 다음과 같이 말했다.

'댁의 사정은 잘 알겠습니다만, 제가 볼 때는 아무래도 당신이 이사를 가리라고는 생각되지 않습니다. 아시다시피 여러 해 동안 이 월세에 의존하여 살던 저에게는 사람을 보는 있습니다. 당신은 약속을 어길 그런 사람이 아니라는 것을 알고 있지요. 이 점만은 내기를 해도 좋습니다.'

그리고 나는 더욱 자신 있게 말했다.

'어찌했든 한 가지 당신에게 부탁할 것이 있습니다. 이 문제는 그냥 내버려두었다가 2~3일 후에 다시 상의하기로 하지요. 그래도 여전히 당신의 마음이 변하지 않는다면 생각하신 대로 이사를 하셔도 좋습니다. 나 역시 사람을 잘못 보았다고 생각하고 단념하는 수밖에 없습니다. 아무튼 당신은 약속을 지키지 않을 그런 사람은 아니라고 굳게 믿고 있습니다. 그러나 세상 일이 뜻대로는 되지 않으니 잘못 생각하거나 빗나가더라도 어쩔 수 없는 일이지요.'

며칠 후 그 세입자는 직접 찾아와 집세를 내고 갔다. 그는 아내와 상의를 해서 이사 가는 것을 포기한 것 같았다. 결론을 말하자면 그 세입자 역시 약속을 지키는 것이 인간으로서 가장 중요한 것임을 인식하게 되었기 때문이라고 했다.”

노스클리프 경은 공개하고 싶지 않은 자기의 사진이 어떤 신문에 실려 있는 것을 보고 그 편집장에게 편지를 썼다.

그러나 그는 그 편지에 ‘내 마음에 들지 않기 때문에 그 사진은 신문에 싣지 말아 달라.’고 쓰지 않았다. 그는 좀 더 아름다운 인간의 감정에 호소했다. 곧 누구나가 품고 있는 어머님의 존경과 애정에 호소했던 것이다.

그 사진을 신문에 게재하지 말기를 바랍니다. 저희 어머님이 매우 싫어하시는 사진이기 때문입니다.

록펠러 2세도 그의 아이들의 사진이 신문에 게재되는 것을 방지하기 위해서 인간의 아름다운 감정에 호소했다.

그는 “아이들의 사진을 신문에 게재하는 것은 내가 동의할 수 없다.”라고 말하지 않았다. 그는 어린 자식들이 공명심에 날뛰거나 천하게 물들지 않게 하기 위해 만인의 공통된 심정에 호소했다.

여러분 가운데도 아이를 가진 분이 있으면 잘 이해하리라고 생각합니다만, 너무 세상에 드러내놓고 떠들어대는 것은 아이의 장래를 위해서 불행한 결과를 초래할 뿐입니다.

사일러스 커티스는 널리 알려진 '새터데이 이브닝 포스트'지와 '레이디스 홈스 저널'지의 창설자로서 메인주의 빈민가에서 태어나 거액의 재산을 이룩한 입지전적인 인물이다.

그는 사업 초창기에 다른 잡지사와 같은 수준의 원고료를 지불할 능력이 없었다. 더구나 유명 작가에게 줄 원고료는 도저히 지불할 수가 없었기에 상대방의 아름다운 감정에 호소하기고 작정했다.

가령 당시의 유명 작가인 올코트 여사에게는 기필코 원고를 써달라고 부탁을 한 후 100달러의 수표를 썼지만 그 수표를 그녀에게 보낸 것이 아니고 그녀의 이름으로, 그녀가 열심히 지지하고 있는 자선단체에 보냈던 것이다.

혹여 독자들 중에는 '그런 수법은 록펠러나, 센티멘털한 작가에게는 잘 들어맞을지 모르지만 까다로운 작가에게 과연 통용될 수 있을까.' 하고 의문을 갖는 사람이 있을지도 모른다.

물론 도움이 되지 않는 경우도 있을 것이며 상대에 따라서는 통용되지 않을지도 모른다.

만약 당신이 이 이상의 방법을 알고 있어서 그 결과에 만족한다면 구태여 이런 방법을 쓸 필요는 없다. 그러나 그렇지 않다면 한번 시험 삼아 해보면 어떨까.

어찌 되었건 다음의 이야기는 제임스 토머스라고 하는 사람이 내 강연회에서 발표한 체험담으로 꽤 흥미 있는 얘기이다.

어느 자동차 회사의 고객 여섯 명이 제각기 한 가지씩의 항목이 잘못되었다며 자동차 수리대금을 지불할 수 없다고 주장했다. 그러나 회사 측에서는 수리할 때마다 고객의 사인을 받아놓았기 때문에 절대로 틀림이 없다고 믿었고, 따라서 고객들에게 지불할 것을 독촉했다.

문제는 이것이 애당초 잘못된 것이었다. 말하자면 수금담당사원은 다음과 같은 방법으로 수리대금을 청구했지만 과연 그것이 옳았던 것인지 반문하지 않을 수 없었다. 그 방법을 보자.

① 각 고객을 찾아가서 청구서를 보낸 후 여러 달이 지났으니까 이번 달에는 꼭 지불해줘야 한다고 정면으로 맞부딪쳤다.
② 청구서는 절대로 틀리지 않았다. 따라서 잘못된 것은 고객 쪽이라고 분명히 못 박았다.
③ 자동차 문제는 회사 쪽이 손님보다도 훨씬 더 잘 알고 있다. 그러니까 더 이상 논쟁의 여지가 없다고 설명했다.

이상과 같은 징수 방법으로 과연 고객이 선뜻 수리대금을 지불할 것인지 어떤지를 생각해봐야 한다.

수금담당사원은 마침내 법적인 수단을 강구하려고 했지만 때마침 지점장이 그 사실을 알게 되었다.

지점장이 조사를 해본 결과 문제의 고객들은 모두 평소에 수리대금을 연체한 적이 없는 우수한 고객들이었다. 그럼 어딘가 잘못된 부분이 있을 것이고 아마도 수리대금 청구 방법에 어떤 문제점이 있을 것 같았기에 지점장은 토머스를 불러서 이를 해결하도록 지시했다.

이때 토머스 씨가 취한 징수 방법은 다음과 같았다.

① 미납된 수리대금에 대해서는 한 마디 언급도 하지 않고 다만 지금까지의 회사 서비스 상태를 조사하고 싶어서 방문했다고 말했다.

② 상대방의 얘기를 들어보지 않고서는 어떤 판단도 할 수 없다고 말했다. 그리고 덧붙여서 회사 측에도 실수가 있을지 모른다고 말했다.

③ 그가 알고 싶은 것은 고객의 자동차에 관한 것일 뿐이며, 그 차에 대해서는 차주인 고객이 누구보다도 가장 잘 알고 있으며 그야말로 고객이 최고의 권위자라고 말했다.

④ 고객으로 하여금 말하도록 하고 고객의 이야기에 동정심과 흥미를 가지고 귀담아 들었다.

⑤ 시간이 지나고 고객이 진정되었을 때 그의 공정한 판단에 호소했다. 말하자면 그의 아름다운 감정에 호소한 것이다.

"저희가 부족하여 폐를 끼치게 되어 참으로 죄송합니다. 저희 수금사원의 태도에 아마 매우 기분이 언짢으셨을 것입니다. 회사를 대표해서 깊이 사과의 말씀 드립니다. 말씀을 듣고 보니 저는 사장님의 공정하고 관대하신 인격에 감복했습니다. 그래서 말씀이지만 실은 한 가지 청이 있습니다. 물론 이 일은 사장님이 아니면 할 수 없습니다. 그리고 사장님이 가장 잘 아시고 있는 일입니다. 다름이 아니고 이 청구서 말입니다. 이 청구서를 사장님께서 정정해 주신다면 저도 안심을 할 수 있습니다. 사장님이 저희 회사의 대표라는 입장에서 정정해 주시면 고맙겠습니다. 저희는 사장님께서 정정하신 대로 처리하도록 하겠습니다."

이 방법은 멋지게 주효했다.

여섯 명의 고객 중에서 다만 한 사람만이 끝까지 회사 측이 잘못되었다고 버티고 일부분의 대금을 지불하지 않은 사람이 있었지만 다른 다섯 명의 손님은 모두가 기분 좋게 전액을 지불했다.

특히 재미있는 일은 그 후 2년 동안, 제임스 토머스가 이 여섯 명의 고객으로부터 새 차를 주문받았다는 사실이다.

토머스 씨는 이에 대해서 다음과 같이 말했다.

"상대방의 신뢰도를 정확히 판단할 수 없을 때는, 일단 그를 훌륭한 신사로 간주하면 됩니다. 그럼 틀림없이 성공합니다. 인간은 누구나 정직하게 살고자 합니다. 이에 대한 예외는 거의 드물 것입니다. 사람을 속이는 그러한 인간조차 상대방으로부터 진심으로 신뢰를 받고 정직하고 공정한 인물로 인정받게 되면 나쁜 일을 할 수가 없게 됩니다."

극적인 연출의 효과를 생각해야 한다

 몇 해 전, '필라델피아 이브닝 블루틴' 신문이 중대한 중 상모략에 빠진 일이 생겼다. 곧 악의에 찬 소문이 유포되 기 시작한 것이다.

이 신문은 대부분의 수입을 광고에 의존하고 있고, 기사거리가 별 로 없어서 독자들은 흥미를 잃었으며, 광고를 내도 효과가 미미하다 는 것이 그 소문의 골자였다.

이에 신문사로서는 시급한 대책을 세워서 하루빨리 소문의 뿌리 를 뽑아야 했다.

그리하여 다음과 같은 방법을 취하기로 결정했다.

'블루틴'지는 평상시 하루 치 지면의 기사를 모두 골라내어 그것을 따로따로 분류하여 한 권의 책자로 꾸며 출판을 했다. 그 책은 '하루' 라는 제목으로 307페이지나 되었고 충분히 2달러는 된다고 생각되 었지만 불과 2센트에 팔기로 했다.

이 책자는 '블루틴'지에 재미있는 읽을거리가 많이 게재되어 있다는 사실을 효과적으로 알려주기 위해 취한 방법이었다.

참으로 멋진 연출 솜씨라고 말하지 않을 수가 없다. 단순하게 숫자를 나열하거나 이야기로 변명해서는 며칠이 걸려도 할 수 없는 일을 일거에 해치운 셈이었다.

뉴욕대학의 리처드 버튼 교수와 비스 교수는 15,000건의 상담을 분석해 '논쟁에 이기는 법'이라는 제목의 책자를 저술하고, 같은 원리를 '판매의 여섯 가지 원칙'이라는 제목으로 강연했으며, 나중에는 영화로 만들어서 대기업의 세일즈맨들에게 보여주었다.

그들은 연구의 결과를 단순히 설명만 하지 않고 실례를 들어서 제시해 주었다. 청중 앞에서 실제로 시연해보이며 판매의 올바른 방법과 그릇된 방법을 가르쳐준 것이다.

현대는 연출의 시대이다. 단순히 사실만을 열거하는 것으로는 충분하지 않다. 있는 사실대로 가감 없이 표현하고, 거기에 흥미를 보태어서 연출하지 않으면 안 된다. 흥행의 수법을 사용할 필요가 있는 것이다.

즉 영화나 라디오, 텔레비전 등은 모두 이러한 수법을 사용하고 있다. 사람들의 주의를 끌기 위해서는 이러한 방식을 취하는 것이 무엇보다도 유효하고 적절하다.

상대방의 경쟁심을 자극해야 한다

 성공한 사람은 모두 게임을 좋아한다. 게임을 통해 자기표현의 기회가 주어졌기 때문이다. 정정당당하게 싸워 이기는 기회, 이것이 여러 가지 경쟁을 성립시키는 요소이다.

찰스 슈워브가 담당하고 있는 공장 중에서 업적이 오르지 않는 공장이 있었다.

슈워브는 그 공장장을 찾아가 다음과 같이 물었다.

"당신은 퍽 유능한 사람으로 알고 있는데, 의외로 성적이 오르지 않으니 어떻게 된 일이오?"

그러자 책임자인 공장장이 머리를 긁적이며 말했다.

"저도 그 이유를 알 수가 없습니다. 어르고 달래고, 치켜 주고 해서 모든 수단을 강구하고 있지만 직원들이 일하는 것이 도무지 시원치 않은 것 같습니다."

마침 그때 주간 근무자와 야간 근무자의 교대 시간이 되었다.

슈워브는 분필을 찾아 손에 쥐고, 교대 준비를 하고 있는 주간 근무자에게 물어보았다.

"자네 근무 반에서는 오늘 몇 번이나 주물을 흘려보냈는가?"

"여섯 번입니다."

슈워브는 아무 말도 하지 않고 그 공장의 바닥 위에 '6'이라는 글자를 써놓고 나왔다.

야간 근무조가 들어와서 이 숫자를 보고 그 의미를 주간 근무자에게 물어 보았다.

"보스가 이 공장에 왔다 갔어. '오늘 몇 번 주물을 흘렸는가?'라고 묻기에 여섯 번이라고 대답하니 이렇게 '6'자를 써놓고 갔단 말이지."

슈워브는 다음 날 아침에 다시 찾아갔다. 야간 근무조가 '6'을 지우고 커다란 글자로 '7'이라고 써놓았다.

주간반이 출근해서 보니 바닥 위에 '7'이라고 크게 쓰여 있었다. 야근반이 더 성적을 올린 셈이다. 그러자 주간반은 경쟁심을 불태워 노력한 결과 퇴근 시에는 '8'이라고 써놓고 갔다. 이렇게 해서 이 공장의 능률은 자꾸 올라가게 되었다.

성적이 좋지 않던 이 공장은 얼마 되지 않아서 다른 공장을 앞서 생산율이 1위를 차지하기에 이르렀다.

이에 대해서 슈워브 자신의 말을 소개해 보자.

"일에는 경쟁심이 가장 중요하다. 악착스러운 돈벌이의 경쟁이 아니고 상대방보다도 뛰어나겠다는 경쟁심을 이용해야 한다."

우위를 점유하고 싶다는 욕구와 경쟁의식, 그 불굴의 투지, 굳센 기백에 호소하는 것도 하나의 방법이다.

이 불굴의 투지가 자극되지 않았다면 루스벨트 대통령도 오늘날 회자되지 못했을지도 모른다.

스페인과의 전쟁에서 귀국하자, 그는 즉시 뉴욕 주지사로 선출되었다. 그런데 반대파는 루스벨트에게는 법적으로 주 거주인으로서의 자격이 없다고 항의했다.

그러자 루스벨트도 그 주장에 충격을 받았던지 놀라서 사퇴하겠다고 말했다. 그러자 토머스가 그에게 고함을 질렀다.

"자네가 그래도 산 후앙 언덕의 전선에서 싸웠다는 용사인가? 이 비겁한 친구야!"

그제야 루스벨트는 사의를 번복하고 싸울 결심을 했다.

그 다음 얘기는 역사가 나타내고 있는 그대로이다.

루스벨트의 불굴의 투혼을 자극한 이 한 마디는 그의 생애를 바꾸어 놓았을 뿐만 아니라 미합중국의 역사에도 중요한 영향을 던져 주었다.

찰스 슈워브는 이와 같은 자극이 가지는 위력을 알고 있었다.

알 스미스도 역시 그것을 알고 있었다.

알 스미스가 뉴욕주지사로 근무하고 있을 때 유명한 신신 형무소의 소장감이 없어서 전전긍긍하고 있었다.

형무소 내의 질서가 문란해지고 간수들의 부패가 심해 악평이 자자했다.

그러자 스미스는 신신 형무소를 다스릴 수 있는 강력한 인물이 필요했고 인선을 한 결과, 루이스 로즈가 적임자로 지목되었다.

스미스는 로즈를 불러 쾌활하게 말했다.

"어때요, 당신이 신신의 일을 돌봐주면 좋겠군요. 경험과 지혜가 있는 인물이 아니라면 근무할 수가 없지요."

로즈는 좀 난처했다. 신신 형무소의 소장이 된다는 것은 심각하게 생각해볼 문제이다. 정치 세력의 여하에 따라 앞날이 어떻게 될지 모르는 불투명한 지위인 것이다. 게다가 형무소장은 임기가 불과 3개월인 자도 있었고, 툭하면 바뀌기 일쑤였다. 로즈는 자칫 잘못했다간 위험하다고 생각했다.

스미스는 그가 주저하는 것을 보고 몸을 젖히고 웃으면서 다음과 같이 말했다.

"아주 대단한 일이기 때문에 선뜻 마음이 내키지 않는 것도 무리가 아니라고 생각해요. 실제로도 아주 큰일이니까요. 웬만한 사람이 아니고서는 근무하지 못할 것이오."

상대방의 오기를 불러일으킨 것이다. 그러자 로즈는 웬만한 인물 같아서는 감당할 수 없는 일을 해보고 싶은 오기가 발동했다.

그리하여 로즈는 형무소장으로 부임하자마자 과감한 혁신을 꾀했고 체재를 정비해 나갔다. 이윽고 명소장으로서 그의 이름을 모르는 사람이 없을 정도가 되었다.

그의 저서 '형무소에서의 만 2년'이라는 책자는 수십만 부가 팔렸다. 매스컴에도 오르내렸고 그의 저서의 내용을 소재로 영화도 몇 편이나 제작되었다.

그리고 그의 '수인(囚人) 대우 개선론'은 형무소에 기적적인 개혁을 초래했다.

파이어스턴 고무회사의 창설자 하버드 S. 파이어스턴은 다음과 같이 말했다.

"그저 손쉽게 급료만 주면 사람이 모이고 인재가 확보될 거라는 생각은 대단한 착오다. 무엇보다 게임의 정신, 즉 경쟁심을 도입하는 것이 필요하다."

성공한 사람들은 하나같이 모두 게임을 좋아한다. 게임을 통해 자기표현의 기회가 주어졌기 때문이다.

정정당당하게 싸워 상대를 이기는 기회, 이것이 여러 가지 경쟁을 성립시키는 요소이다. 그러므로 우위를 정하고 싶은 욕구와 충족감을 얻고 싶은 소망을 자극하는 것이다.

제4장

성공의 지름길

나는 나의 일을 사랑한다.
오늘도 100% 힘차게 일에 임할 것이다.

항상 **얼굴에 미소**를 지어야 한다

 "나는 당신을 좋아해요. 당신 덕분에 너무 즐겁습니다. 당신을 만나 뵐 수 있어서 기쁘답니다."

바로 개가 귀염을 받는 이유이다. 개는 우리를 보면 기뻐서 어쩔 줄을 모른다. 따라서 우리도 자연스럽게 개가 귀엽게 느껴진다.

마음에도 없는 미소는 아무도 속지 않는다.

마음이 느긋해지는 미소, 마음속에서 우러나오는 미소, 천금의 가치를 가진 미소야말로 누구나 환영하고 환영받는다.

나는 많은 경영자들에게 눈을 뜨고 있을 동안에는, 매 시간 한 번씩 누군가를 향해서 미소 지어 보일 것을 제안하고 일주일 내내 계속하되 그 결과를 내 다음 강연회에서 발표하도록 한 일이 있었다.

그것이 어떤 효험을 나타냈는지 한 가지 예를 들어보자.

뉴욕 주식시장의 중개인 윌리엄 B. 스타인 하트의 수기로 지금도 내 수중에 있다.

저는 결혼해서 18년이 넘었지만 아침에 일어나서 출근할 때까지 아내에게 미소를 보인 적이 없고, 또 스무 마디 이상 다정스런 말을 건넨 적도 없는 세상에 보기 드문 무뚝뚝한 성미의 소유자입니다. 그런데 카네기 선생님께서 시킨 대로 일주일간 미소 짓는 생활을 하리라 마음먹었습니다. 그래서 그 다음 날 아침, 머리카락을 손질하면서 저는 거울에 비친 제 퉁명스러운 얼굴에게 타일렀습니다.

"여보게, 오늘은 그 퉁명한 표정을 짓지 말고 미소를 지어보게. 자, 빨리 해야지."

아침 식탁에 앉을 때, 저는 아내에게 '밤새 안녕.' 하고 말하면서 빙긋이 웃어 보였습니다.

카네기 선생님은 상대가 깜짝 놀랄지도 모른다고 말씀하셨습니다만 아내의 반응은 예상 외로 지극한 쇼크를 받은 모양이었습니다. 저는 아내에게 오늘부터는 매일 이렇게 미소 지을 테니 그렇게 알라고 말해주었습니다.

아내는 믿지 못하겠다는 표정이었지만 저는 사실 2개월 동안 계속하여 그대로 행동했습니다. 그리고 제가 태도를 바꾼 그 2개월간은 일찍 경험한 일이 없는 커다란 행복이 저희에게 찾아왔습니다.

지금은 매일 아침 출근할 때마다 저희 아파트 경비원에게도 따뜻한 미소로 인사하게 되었습니다. 거래처에서도 모든 사람들에게도 미소를 짓게 되었습니다.

그러자 어느새 저를 대하는 모든 사람이 다 저에게 미소로 답하게 되었습니다.

저는 투정이나 불만 따위를 늘어놓는 사람들에게도 밝은 태도로 대했습니다. 상대의 주장에도 귀를 기울이면서 미소를 잃지 않도록 하면 문제의 해결도 훨씬 용이해집니다. 그 미소 덕분으로 제 일은 한층 늘어났습니다.

저는 또 한 사람의 중매인과 공동으로 사무실을 사용하고 있습니다.

미소의 효력에 확신을 가진 저는 그에게 인간관계에 관한 저의 새로운 철학을 얘기했습니다. 그러자 그는 저를 처음 보았을 때는 몹시 퉁명한 사람으로 보았으나 최근에는 아주 달리 생각하고 있다고 솔직하게 얘기해 주었습니다.

저의 미소에는 인정미가 넘치고 있다고들 합니다.

그리고 저는 이제 남의 험담을 하지 않기로 했습니다. 험담을 하는 대신에 칭찬하기로 했습니다. 더불어 제가 원하는 것에 대해서는 아무 말도 하지 않고 오로지 상대방의 입장에서 생각하기로 노력하게 되었습니다. 그렇게 되자, 제 생활에 글자 그대로 혁명적인 변화가 일어났습니다.

저는 이전과는 전혀 다른 사람이 되어, 수입도 늘었거니와 하루하루가 즐거움과 기쁨이 가득 찬 아주 행복한 사람이 되었습니다.

저는 이 이상의 행복은 더 이상 바랄 수 없을 것이라고 생각합니다.

이 수기를 쓴 인물이 뉴욕의 증권시장 중개인이라는 것에 유의해

주기를 바란다. 뉴욕의 증권시장 중개인이라고 말하면 대단히 어려운 직업으로 백 명 중 아흔아홉 명은 실패하기 마련이다. 그 위험한 거래에서 안정적 성공을 거둔 유능한 인물이 이 편지를 썼으니만치 의미가 매우 깊다.

아무리 미소를 지어 보이려고 해도 도저히 안 될 경우에는 어떻게 하면 될까. 방법은 두 가지가 있다.

우선 첫째는 무리하게라도 웃어 보이는 것이고, 둘째는 혼자 있을 때라면 휘파람을 불거나 콧노래를 부름으로써 행복해서 못 견디겠다는 듯이 행세한다. 그러면 정말로 행복한 기분이 생겨나기 마련이다.

예로부터 중국인들은 현명하기도 했지만, 처세에 아주 능숙했다. 그들의 격언에 다음과 같은 것이 있다.

"미소를 지을 줄 모르는 사람은 사업가가 될 자격이 없다."

프랭크 어빙 플래처는 오펜하임 콜린스 회사의 광고문 속에 다음과 같은 평범한 철학을 말하고 있다.

천금의 미소

▶ 밑천이 들지 않는다. 그러나 그 이익은 막대하다.

▶ 베풀어도 줄지 않고 베푼 자는 풍부해진다.

▶ 한순간만 보아도 그 기억을 영구히 간직할 수가 있다.

▶ 어떤 부자라도 이것 없이는 살 수가 없으며, 어떤 물질적인 가

난뱅이도 이것으로 하여금 풍부해진다.

▶ 가정에 행복을, 사업에는 신뢰를 가져온다.

▶ 우정의 신호탄이다.

▶ 피로한 사람에게는 휴식이 된다.

▶ 실의에 빠진 사람에게는 광명이 된다.

▶ 슬퍼하는 사람에게는 태양이 된다.

▶ 괴로워하는 자에게는 자연의 해독제가 된다.

▶ 돈을 주고 살 수도, 강요할 수도, 빌릴 수도, 훔칠 수도 없다. 무
상으로 주어야 비로소 가치가 있다.

배우자와 상의해야 한다

시카고의 어느 5층 빌딩의 옥상에서 빌 조운즈가 투신 자살을 기도했다. 그가 자살을 기도하게 된 동기는 신경 쇠약과 공포증 때문이었다고 한다.

한때는 그의 사업도 크게 번성하였다고 한다. 그러나 그는 너무 무리하게 사업을 확장하다가 부도수표를 남발한 탓으로 결국 옴짝 달싹못하게 되어 채권자들에게 쫓겨 다니는 신세가 되고 말았다.

그러나 그보다 더 불행한 일은, 이와 같은 어려움을 타개하기 위하여 아내에게 모든 사실을 털어놓고 근심 걱정을 나누려 하지 않았다는 점이다.

그의 아내는 남편의 성공을 아주 자랑스럽게 여기고 있었다.

따라서 그는 자기 사업이 난관에 처해 있다는 사실을 절대로 아내에게 알리지 않으려고 했다. 만일 모든 것을 아내에게 털어놓는다면 아내는 행복의 절정에서 하루아침에 절망과 낙담의 낭떠러지로 떨어져 버릴 것만 같은 걱정이 앞섰기 때문이다.

막다른 골목에 이르러 도저히 어떻게 수습해 볼 수조차 없게 된 조운즈는 채권자들의 빚 독촉에 더 이상은 견딜 수가 없었다. 그는 채권자들에게 자기 소유의 건물 옥상까지 쫓기게 되자 순간적으로 투신자살할 생각을 하기에 이르렀던 것이다.

5층에서 뛰어내린 조운즈는 맨 아래층의 창밖으로 튀어나온 난간을 부수고 길바닥으로 떨어졌다. 상식적으로 생각할 때 5층 높이에서 떨어져서 무사할 사람은 없다. 그러나 그는 기적적으로 엄지손가락 하나만을 다쳤을 뿐 상처 하나 입지 않았다. 공교롭게도 그가 꿰뚫은 난간만은 그의 소유물 가운데서 빚을 지지 않고 구입한 유일한 재산이었다고 한다.

빌 조운즈는 이윽고 의식을 회복하였고 자신이 살아 있다는 사실을 깨달았다. 그리고 그는 순간적으로 이처럼 대단한 기적이 일어났으니 지금까지 겪은 고난쯤은 아무것도 아니라고 생각하게 되었다. 또한 자신이 죽지 않고 살아 있다는 사실 자체만으로도 가슴 벅찬 희열을 느낄 수 있었다.

그는 부랴부랴 집으로 돌아가서 아내에게 모든 사실을 털어놓았다.

그 순간 아내의 충격이 너무나도 컸음은 두말할 여지가 없었다. 그러나 아내가 충격을 받은 것은 남편이 자살을 기도했다는 사실보다도 그동안 남편이 혼자서 얼마나 애를 태웠을까 하는 데서 오는 것이었다.

그녀는 자세를 고쳐 앉더니 남편을 위로하면서 앞으로 어떻게 이

난관을 극복할 것인지 신중히 상의하였다.

이렇게 되자 빌 조운즈는 비로소 시야를 넓혀 해결책을 모색할 수 있었다. 따라서 그는 지금까지의 소극적이고 패쇄적인 사고방식에서 탈피하여 적극적으로 재기할 방법을 연구하게 되었다.

그와 같은 결과가 오늘날 빌 조운즈를 건실한 사업가로 만들어 놓았다.

현재 빌 조운즈는 남의 빚 따위는 한 푼도 없는 건실한 사업가로서 두각을 나타내고 있다.

무엇보다도 중요한 점은 그가 사업에 있어서 성공을 했느냐, 실패를 했느냐 하는 점보다 모든 일을 배우자와(혹은 가까운 동료) 상의했다는 점이다.

그는 자살을 기도한 이후로는 모든 일을 아내와 의논해서 했고 즐거움과 기쁨 또한 같이 나누기로 했던 것이다.

애당초 조운즈는 자신의 사업에 관한 골칫거리를 아내에게 털어놓는다는 것이 남자의 체면을 깎아 내리는 것이라는 잘못된 생각에 사로잡혀 있었다.

그런 사람들은 맛좋은 음식이나 예쁜 옷 따위를 사들고 귀가하는 것만이 행복인 줄로 착각하고 있다. 그리고 매사 일이 잘 풀리지 않을 때에는 배우자가 근심하거나 걱정을 할까 봐 그런 기색을 감추려고 애를 쓴다. 또한 그들은 자신이 약점을 지니고 있음을 인정하는 것에 아주 수치스럽게 여기고 있다.

그러나 결과적으로 그런 행동은 오히려 배우자를 모욕하는 것이라는 사실을 그들은 모르고 있다.

어느 심리학자는 다음과 같은 말을 했다.

"배우자가 할 수 있는 가장 큰 것 중의 하나는 배우자가 회사에서는 이야기하지 않았던 근심거리에 귀를 기울여 들어줌으로써, 배우자가 마음의 무거운 짐을 내려놓을 수 있게 하는 것입니다."

그 심리학자는 그러한 배우자를 일컬어 '안전장치', '슬픔의 벽', '연료보급창고'라고 평하였다.

다음은 배우자의 말을 경청하기 위한 세 가지 원칙이다.

▶ 얼굴 표정이나 몸짓으로 자신이 주의 깊게 귀 기울이고 있다는 사실을 표현할 것.
▶ 적당한 질문을 하도록 익힐 것.
▶ 결코 상대방의 신뢰를 저버리지 말 것.

배우자가 하는 일을 믿어야 한다

 19세기 말엽의 일이다.

미시간주의 전기회사에서 어느 젊은 기사를 11달러의 주급으로 고용했다.

그 기사는 날마다 10시간씩 근무하고, 집에 돌아가서는 집 뒤뜰에 있는 낡은 오두막에 틀어박혀 새로운 엔진의 제작을 위해서 밤이 깊도록 일에 몰두하는 것이 예사였다.

그러나 한낱 농부에 불과했던 그의 아버지는 아들이 쓸데없는 짓으로 시간을 낭비하고 있는 줄 알았다. 이웃 사람들도 이 젊은 기사에게, '쓸모없는 놈'이라는 별명을 붙이고는 놀림감으로 삼고 지냈다.

따라서 그의 연구가 언젠가는 결실을 맺으리라고는 어느 누구도 감히 생각하지 못했다. 단 한 사람, 예외로 그의 부인이 있을 뿐이었다.

그녀는 하루의 일을 끝내고 나면 반드시 그 오두막에 가서 남편을 돕고는 했다. 겨울이 되어 해가 짧아졌을 때는 일하는 데 편리하도록 석유램프를 가지고 가서 서 있기도 했다.

추위로 인하여 이는 덜덜 떨리고, 손은 차갑게 얼어 동상이 걸릴 지경이었지만, 그녀는 남편이 자신을 놀려대느라고 '나의 신자信者'라고 부를 만큼 헌신적이었고 남편의 작업이 반드시 성공하리라고 굳게 믿고 있었다.

그리고 그 낡은 오두막에서 노력을 계속한 결과 3년 후, 그의 광기에 가까운 연구는 마침내 결실을 맺었다. 그것은 공교롭게도 그 젊은 기사가 30세의 생일을 맞이한 날이었다.

이웃집 사람들은 일찍이 듣지 못하던 기계음에 모두들 놀라 창가로 뛰어가서 바라보니 그 쓸모없는 놈으로 알려진 사내가 부인과 함께 말도 없는 수레를 타고 거리를 달리고 있지 않은가.

그 수레는 여러 사람들이 보는 가운데 저쪽 거리의 귀퉁이까지 갔다가 다시 돌아오는 것이었다.

이 사나이의 이름이 바로 헨리 포드다.

이렇게 우리 인류에게 중대한 영향을 끼친 새로운 자동차 산업이 그날 태어난 것이다.

헨리 포드를 '자동차 산업의 아버지'라고 일컫는다면 포드 부인이야말로 '자동차 산업의 어머니'라고 일컫는다 해도 과하지 않을 것이다.

그로부터 50년 후, 포드는 다음에 다시 태어난다면 무엇으로 태어나고 싶으냐는 질문에 대해서 다음과 같이 대답했다.

"내 아내와 같이 있을 수만 있게 된다면 무엇으로 태어나든 전혀 개의치 않겠소."

그는 이승을 등질 때까지 그녀를 '나의 신자'라고 불렀고 저승에서도 그녀와 같이 살고 싶다고 희망했던 것이었다.

어떤 사람이든 자신을 믿어 주는 사람, 비록 주위의 여러 사람들이 자신을 반대하고 비난할 때도, 내 편을 들어 주는 사람을 필요로 하는 법이다.

온갖 일이 뜻대로 잘되지 않을 때, 남의 공격을 받았을 때나 사업에 실패하였을 때조차 남편 혹은 부인에게, "어떤 일이 있더라도 당신에 대한 내 신뢰에는 변함이 없어요." 하고 말하며 용기와 자신감을 주는 배우자가 필요한 것이다.

배우자조차 자신을 믿어 주지 않는다면, 대체 세상에서 어느 누가 자기를 믿어 줄 것인가?

믿는다는 것은 적극적인 능력이다. 또한 그것은 잃어버린 자신을 부단히 되찾으려고 애쓰는 것이다.

보다 **큰 애정**으로 감싸야 한다

   "자녀들이 자신은 그 누구에게서도 사랑받지 못한다고 생각하는 것이 소년 범죄의 주요 원인이다."

이것은 뉴욕 시립 소년원의 서기이며, 사회사업가인 에젤 H. 와이즈 씨가 매사추세츠주의 사회사업가 대회에서 강연할 때 한 말이다.

애정에 굶주렸다는 것이 이들 불행한 소년들의 공통된 문제점인 것이다.

다음은 어느 소년의 얘기이다.

그 소년은 아무리 편지를 해도 어머니가 답장을 하지 않기에 한번은 '저는 지금 이러이러한 강습을 받고 있는데, 그 결과 저도 이제는 착한 애가 되었어요.'라고 써 보냈다는 것이다.

그러자 비로소 어머니의 답장이 왔는데, 그 편지에는 '아무리 그래 봐야 넌 글러 먹었다. 네겐 형무소가 알맞은 곳이야.'라고 쓰여 있더라는 것이었다.

열아홉 살이 되는 토미라는 소년은 14년 이상이나 고아원과 형무소를 전전하며 살아온 아이였는데, 그의 말은 다음과 같다.

"우리에게 필요한 것은 우리를 귀여워해 주는 사람입니다. 지금까지 우리를 귀여워해 준 사람은 하나도 없었어요. 저는 열여섯 살이 되기까지 한 번도 크리스마스 선물을 받아본 일이 없었거든요."

배가 몹시 고픈 아이가 음식이 없을 경우에는 남이 먹다 만 밥찌꺼기에도 덤벼들 듯이, 애정에 굶주린 아이들이 그 공백을 메우느라 범죄로 빠져드는 것은 결코 이해할 수 없는 일이 아니다.

애정이란 우리의 정신이 그것에서 영양을 섭취하여 성장해 가는 참된 음식이다. 애정이 없으면 우리의 정신은 어지러워지고 혼미해지고 만다.

심리학자 고든 W. 올프트는 이렇게 말했다.

"보통 일반 사람들의 심정을 솔직하게 말한다면, 누구나 아무리 사랑하거나 사랑받거나 하더라도 그것이 결코 충분하다고는 생각지 않는다."

정말 그렇다. 사랑은 원자력 못지않은 강대한 힘을 가지고 있으며, 사랑은 날마다 기적을 이룩하는 것이다.

당신이 배우자에게 기울이는 애정은 배우자가 일에 성공하기 위해서 가장 긴요하고 절박한 요소이다.

만약 당신이 진심으로 배우자를 사랑하고 있다면 당신은 배우자를 행복하게 하기 위해 당신이 할 수 있는 온갖 일을 다 할 것이다. 더구나 배우자에게 기울이는 애정은 자식의 행복에도 영향을 미친다.

가정문제 연구소장인 파울포프네 박사는 어느 석상에서 다음과 같이 말했다.

"만약에 전국의 어린이들을 한 해에 한 번씩 한자리에 모이게 하는 계획을 집어치우고 그 대신에 남편과 아내가 보다 더 깊이 서로 사랑하려면 어떻게 할 것인가 하는 문제를 토의하기로 한다면, 그것이 자녀의 행복을 위해서는 훨씬 도움이 될 것입니다."

그렇다면 우리는 어떻게 하면 서로가 보다 크나큰 애정을 가질 수가 있을까?

다음에 그 방법을 기술해 보기로 하자.

1) 날마다 애정을 겉으로 나타내도록 할 것

흔히 부부지간에는 불평불만이 많다.

상대방이 자신에게는 전혀 무관심하다거나, 칭찬에 아주 인색하다거나, 어떤 옷을 입어도 조금도 관심을 갖지 않는다거나, 눈에 띄게 애정의 표현을 해주지 않는다고 말이다.

그러한 사람들은 역시 본인도 자신의 배우자에 대해서는 냉담한 태도를 취하면서도 한편으로 멋지다거나, 가정적이라거나, 믿음직하다거나 등 칭찬의 말을 건네주는 이성의 뒤를 쫓아다니는 것을 이해하지 못한다.

따라서 애정을 구하는 것은 절대로 여성만의 전매 특허권은 아니며 남성도 그 애정을 애타게 구하고 있음을 인지해야 한다.

때로는 남성의 이와 같은 약점을 이용해서 자기가 갖고 싶어 하는 것을 손에 넣을 때까지 애정의 표현을 하는 여성도 있으므로 현명한 독자 여러분은 잘 판단하기 바란다.

2) 유머를 알 것-만사를 낙관적으로 속 편히 생각할 것

야심적인 배우자가 가끔은 '완전병'에 걸리는 수가 있다. 그러한 배우자는 언제나 자신의 자녀들은 총명해야 하고, 집안은 어디 하나 흠잡을 데 없도록 정리되어 있지 않고서는 마음이 편할 줄 모른다.

이와 같은 완전병은 자질구레한 일에 너무나 신경을 쓰는 탓으로, 도리어 커다란 것을 찾지 못하고 놓쳐 버리는 결과를 초래한다.

무엇이든지 속 편하게 낙관적으로 받아들이고 자잘한 일로 마음을 흐트러뜨리지 않도록 하는 것이 부부 사이에 애정을 부드럽게 하는 것이다.

3) 관대한 마음을 가질 것

진심으로 사랑하는 사람들 사이에는 타산적인 결혼이란 있을 수 없다. 즉 애정이란 아낌없이 주는 것이다.

4) 조그만 일에도 감사의 뜻을 표할 것

혹시 당신은 배우자가 해주는 일은 무엇이든지 그저 당연한 일이거니 하고 생각하고 있을는지도 모른다. 만일 그렇게 생각한다면 아무리 좋은 음식을 만들어준다거나 기쁘게 해주려고 노력해 보아야

무슨 소용이 있겠는가. 부부 사이는 당연한 것이 아니라 서로 배려
해야 한다는 사실을 잊어서는 안 된다.

사람을 움직이는 법을 깨달아야 한다

  사람을 행동시키는 효과적인 방법을 아는 것은 중요한 일이다.

당신은 살아 있는 한 당신이 사람들을 움직이고, 그들이 또 당신을 움직이는 이중 역할을 계속해서 연출하는 것이다.

선생과 학생, 어버이와 자식, 세일즈맨과 손님, 고용인과 피고용인 등등 당신은 이러한 경우에 있어서 저마다의 역할을 담당하는 것이다.

다음의 이야기로 우리는 어린아이가 어른인 아버지를 움직이는 방법을 깨닫게 될 것이다.

어느 크리스마스 날 세 살 된 어린아이가 맛있는 음식을 잔뜩 먹고 난 뒤에 아버지와 함께 거리를 거닐고 있었다.

그들이 100여 미터쯤 걸어갔을 때 어린아이는 발길을 멈추고 미소 지은 얼굴로 아버지를 올려다보았다.

"아빠……."

아이가 머뭇거렸다.

"뭐?"

아버지가 묻자 어린아이는 잠시 주저하다 이렇게 말을 계속했다.

"아빠, 아빠가 만일 내 다리라면……."

이와 같은 붙임성을 누가 마다할 수 있겠는가?

철없는 어린아이라도 아버지가 행동하도록 동기를 유발시킬 수 있다. 물론 아버지가 어린아이의 마음을 움직일 수도 있다. 어린아이에게 신뢰를 갖는 것은 그에게 자기에 대한 자신을 심어 놓는 것이 된다.

어린아이가 자기는 잘할 수 있고, 확고한 신뢰에 싸여 있다고 생각할 때에는 사실 생각하고 있는 그 이상으로 잘하는 법이다.

그러니까 당신도 다른 사람들에게 신뢰를 쌓음으로써 그 사람들을 움직일 수가 있을 것이다.

신뢰는 정확히 말한다면 적극적인 것이며 소극적인 것이 아니다. 따라서 당신이 상대방에게 신뢰를 전하려고 애쓰지 않으면 안 된다.

'나는 당신이 이 일에 성공한다는 것을 알고 있습니다. 그래서 나는 이렇게 말할 수 있는 것입니다. 나는 여기서 당신을 지켜보고 있습니다.'라고 말하지 않으면 안 된다.

신뢰는 편지로도 표현할 수도 있다. 사실 편지는 사람의 생각을 서술하여 타인의 마음을 움직이게 하는 데 뛰어난 도구이다.

편지를 쓰는 사람은 누구나 암시에 의해 그것을 받는 사람의 잠재의식에 작용을 미치게 할 수가 있다. 물론 이 암시의 힘은 몇몇의 요소에 의해 좌우되고 있기는 하다.

만약 당신의 아들이나 딸이 먼 곳에 유학 중이라고 한다면, 당신은 다른 방법으로는 가능할 수 없는 일도 편지나 전화로 이룰 수가 있을 것이다. 당신은 이 방법을 이용하여 당신 자식의 성격을 조성해 주고 대화로서는 할 수 없었던 그런 일에 대해 서로 얘기하고, 당신의 지금 생각하고 있는 마음속 생각을 고백할 수가 있다.

대부분의 청소년은 말로 할 때는 충고나 조언을 잘 받아들이려고 하지 않는다. 이는 그때의 환경이나 감정이 원인이 되기도 하지만, 그러나 그와 같은 경우라도 진지하고 솔직하게 쓴 편지에 담은 충고는 소중히 간직할 것이다.

다른 한편으로 세일즈 매니저의 경우에 있어서도 부하인 세일즈맨에게 적절한 편지를 씀으로서 이제까지의 모든 판매 기록을 깨도록 마음을 움직일 수가 있다.

그러나 정말 능숙한 세일즈 매니저라면 세일즈맨의 마음을 움직이는 가장 효과적인 방법의 하나가 제1선에서 그 사람과 함께 일하면서 실례를 보여 주는 일이라는 것을 잘 알고 있다.

클레멘트 스토운은 아이오와주에 살고 있는 세일즈맨을 어떻게 해서 훈련했는가 하는 이야기를 해서 많은 사람들의 주목을 받아 온 사람이다.

그의 이야기를 기술해 봄으로써 우리는 남의 마음을 움직이는 방법을 터득한 예를 알 수가 있다.

나는 쇼크스에 있는 우리 보험회사 세일즈맨의 한 사람의 얘기를 들어 보았다. 그는 쇼크스의 시내에서 이틀간 꼬박 열심히 쫓아다녔지만, 단 하나의 보험도 가입시킬 수 없었다고 했다.

"쇼크스에서 보험을 들라고 하는 것은 절대로라고는 말할 수 없지만 잘되지 않는 일입이다. 그곳에 살고 있는 사람들은 거의 네덜란드계 이민자들로서 대단히 배타적입니다. 자신들 계통의 사람 이외는 그 무엇도 사려고 하지 않습니다. 게다가 그 지역에 5년간이나 계속 흉년이 들어서 그 지역에서 보험을 들라고 하는 것은 거의 불가능한 일입니다."

"그럼 내일 자네가 이틀 동안 하나도 팔지 못했던 그곳에서 다시 한번 시도해 보지 않겠는가?"

그리고 다음 날 아침, 나는 그와 함께 자동차를 타고 쇼크스로 갔다.

나는 그곳에서 적극적인 사고PMA를 몸에 익이고, 우리 회사의 방식을 신뢰하고 그것을 활용하는 세일즈맨이라면 설사 어떤 장해가 있을지라도 충분히 성공할 수 있을 것이라고 실증해 보이려 생각했던 것이다.

그 세일즈맨이 차를 운전하고 있는 동안, 나는 눈을 감고 생각하며 정신을 가다듬었다. 왜 그들이 보험을 들지 않을까 하는 사실보다, 어떻게 하면 보험을 들 수 있도록 해야 하는가를 계속 생각하고 있었다.

나는 다음과 같이 생각했다.

그 세일즈맨은 그곳의 주민이 네덜란드계의 이주민으로 배타적이가 때문에 불가능하다고 말했다. 그러나 돌이켜 생각하면 얼마나 좋은 일인가. 만일 그 동료들의 한 사람, 특히 그 리더에게 보험을 들게 할 수가 있다면 그 사람들 모두에게도 가능하다는 것과 마찬가지이다. 그러니까 비록 시간이 걸리더라도 나는 반드시 성공해야만 할 것이다.

그리고 세일즈맨은 쇼크스 지역이 5년간이나 계속 흉작이라고 말했다. 그러나 이보다 더 멋진 상황이 어디 있을까? 그리고 네덜란드계 이주민들은 돈을 모으는 것을 좋아할 뿐만 아니라 책임감이 있어 자신들의 가정과 재산을 지키는 데 최선을 다할 것이다.

아마 다른 보험 세일즈맨은 아직 거기까지는 생각이 미치지 있지 않을 테니까 그 사람들은 그 어떤 보험에도 들지 않았을 것이다.

다른 세일즈맨 역시 지금 차를 운전하고 있는 이 사람과 마찬가지로 소극적인 마음가짐을 가지고 그 사람들을 대했을 것이다.

게다가 우리 회사의 보험 방식은 적은 보험료로 충분한 보장을 받도록 되어 있다. 그러니까 여타 경쟁 회사가 없다고 해도 과언이 아닐 것이다.

그리고 나서 나는, 내 스스로 정신을 집중하는 일에 전념했다.

나는 경건하고 진지한 마음가짐으로 기도하기 시작했다.

'신이시여, 저를 도와주십시오! 신이여, 저를 도와주십시오!' 하고 되풀이하였다. 몇 번이나 그 말을 되풀이하고 난 뒤에야 다음 계획을 위해 잠시 눈을 붙일 수가 있었다.

우리가 쇼크스의 중심가에 도착했을 때 첫 번째로 은행을 찾아 갔다.

그곳에는 부지점장과 출납계, 예금계 직원이 있었다.

내가 차분히 20분 동안 설명한 결과 부지점장은 우리 회사에서 가장 권하고 싶다고 생각했던 보험에 들어 주었다. 그러자 출납계도 부지점장과 같은 보험에 들었다. 하지만 예금계 직원은 아무리 설득해도 보험에 가입하지 않았다.

이 일을 계기로 우리는 가게, 사무실, 은행 등 그 어디라도 누비며 보험 판매를 시작했다. 그러자 놀라운 일이 일어났다. 우리가 방문했던 사람들 중 많은 사람들이 연락을 해와 보험에 가입했던 것이다.

그럼 나는 다른 사람이 실패한 그 고장에서 어떻게 가능했을까? 사실 나는 다른 사람이 실패를 한 바로 똑같은 이유를 가지고 성공을 경험한 것이다.

그 세일즈맨은, 그들이 네덜란드계 이주민으로 배타적임으로 팔 수 없다고 말했다. 그러나 그것은 소극적인 마음가짐이다.

나는, 그들이 네덜란드계 이주민으로 배타적이기에 보험을 들 것이라고 확신하고 있었다. 이것이 바로 적극적인 마음가짐이다.

그리고 그 세일즈맨은, 그들이 5년간이나 계속 흉작임으로 보험을 가입시킬 수 없었다고 말했다. 그것도 소극적인 마음가짐이다.

나는 신의 인도와 도움을 구했을 뿐만 아니라, 내가 그 도움을 받고 있는 중이라는 것을 굳게 믿고 있었다.

그리하여 그 세일즈맨도 적극적인 마음가짐을 가지게 되었고 매일 판매 기록을 경신해 나갔던 것이다.

이제까지의 이야기는 실례에 의해 남의 마음을 움직인 예이다. 그 세일즈맨이 그가 이전에 실패했던 장소에서 성공한 예이거니와 이는 바로 그가 적극적인 마음가짐으로 일하는 것의 가치를 깨달았기 때문이다.

적극적인 마음을 갖게 하여 사람을 활동시키는 데는 여러 가지 방법이 있지만 가장 효과적인 방법은 '사람을 분발시키는 책'에 의한 방법이다.

따라서 판매에 성공하는 가장 중요한 요인은 동기 유발의 인스피레이션, 판매기술이라 칭하는 특정한 제품이라든가 서비스를 팔기 위한 지식 등일 것이다.

만약 판매의 가장 중요한 성분인 동기유발에 대한 인스피레이션이 결여되어 있다면 세일즈맨의 자격도 없음을 인지해야 한다.

제5장

건강을
유지시키는 방법

당신이 현재 행복하다면, 이 훌륭한 행복을 유지하며
그것을 보다 풍부히 하고 싶다고 생각할 것이다.
만약 당신이 현재 행복하지 않다면
어떻게 하면 행복해질 수 있는지 배우고 싶다고 생각할 것이다.

기분을 조절하는 방법

당신의 오늘 기분은 어떠했는가?

아침에 일어나서 출근하리라고 마음먹은 뒤에 즐겁게 아침식사를 했는가. 그리고 출근해서 의욕적인 마음가짐으로 일에 임하였는가.

어쩌면 당신은 앞에 서술한 기분이 아니었을지도 모른다. 그렇다면 당신은 아마 당분간 당신이 원하고 있던 어떤 활력을 가질 수 없을지도 모른다. 당신은 일을 시작하기 전부터 피로해 있었으며 우울한 기분에 휩싸여서 의욕도 없이 일에 임하고 있지는 않았었는가.

이러한 경우에는 어떤 것이라도 좋으니 당신의 주위에서 선택하여 그 일을 시작해 볼 일이다.

그렇다면 이 예를 적용한 어느 실례를 들어 보기로 하자.

버넌 울프라는 사람은 애리조나 피닉스의 한 고등학교에서 트랙 경기의 코치 생활을 하고 있었는데, 실제로 그는 그 방면의 전문가로 미국에서도 이름난 코치였다. 그가 코치한 학생으로서는 미국대학 기록을 깨뜨린 사람도 몇 명 있었다.

그는 이들 선수에게 어떠한 트레이닝을 시키고 있었던 것일까. 그는 복합적인 효과를 발휘하는 처방약을 알고 있었다. 즉, 정신과 육체의 양면을 거의 동시에 조절함으로써 그 효과를 노리는 것이다. 따라서 버넌 울프는 이렇게 말하고 있다.

"자기가 할 수 있다고 믿으면 거의 해낼 수 있습니다. 바로 그것은 마음가짐입니다."

에너지에는 두 종류가 있다. 하나는 육체적인 것이고 또 하나는 정신적인 것이다.

우리가 두 가지를 비교한다면 정신적인 면이 훨씬 중요하다. 그 이유는 잠재의식으로부터 소요 시간에 대비한 힘과 강인성을 끄집어 낼 수가 있기 때문이다.

예를 들어 극도로 기분이 긴장되어 있을 때 사람이 나타낼 수 있는 괴력이나 인내력에 대해서 생각해 보자.

만일 자동차 사고가 나서 동행하던 남편이 뒤집힌 차 밑에 깔렸을 경우에, 몸이 작고 힘없는 아내가 취할 행동은 어떠한 것일까. 그 순간은 어찌할 바를 몰라 허둥대겠지만 곧 마음을 가다듬고 남편이 그 밑에서 나오도록 어떤 힘을 빌어서든지 그것을 끌어 올리게 될 것이다. 이것이 번득이는 잠재의식의 표현이라면 평상시에는 생각조차 못 했던 그런 힘으로 부수거나 던져 버리기까지 할 것이다.

'스포츠 일러스트레이션'에 기고한 로자 바니스터 박사는 육상 경기의 오랜 꿈을 달성하기 위해서 정신과 육체 양면의 트레이닝을 행하여 1954년 1마일 달리기에서 처음으로 4분의 벽을 깨뜨렸을 때를 기술하고 있다.

그때 그는 몇 개월간에 걸쳐 그때까지 그가 도달하지 못했던 기록을 달성할 수 있다는 신념을 갖고 잠재의식적으로 기분 조절을 했었다.

일반적인 견해로 1마일에 4분이란 기록을 벽이라 생각하고 있었지만 바니스터는 한 번 그 기록을 깨뜨린다면 다른 장거리 선수의 신기록으로 평가된 것을 몇 개씩이나 이루게 되는 것이라고 생각했다.

물론 그가 생각했던 대로 이루어진 것은 말할 것도 없다. 로자 바니스터가 그 길을 열었던 것이다.

그리고 처음으로 그가 1마일 달리기에서 4분의 벽을 깨뜨리고 난 후, 4년 동안에 여러 곳에서는 그를 포함해서 그 위업이 46회나 달성되었던 것이다. 아울러 1958년 아일랜드의 더블린에서 있었던 어느 경기 대회에서는 다섯 명의 선수가 1마일 달리기에서 4분의 벽을 깨뜨렸다.

이 로자 바니스터에게 그 비결을 전수한 사람은 일리노이 대학 체력 적성 연구소장인 토머스 카크 큐어트 박사이다.

토머스 큐어트 박사는 신체의 에너지에 대해서는 전혀 다른 견해를 갖고 있었다. 그 사고방식은 운동선수에게만 적용되는 것이 아니라 일반적인 모든 사람에게도 적용된다고 말했다. 그것을 살릴 수 있다면 달리기 선수는 보다 빨리 달릴 수 있고 오래 살기를 원하는 사람은 장수할 수 있다고 한다.

큐어트 박사는 이렇게 말했다.

"가령 신체의 단련방법을 알고 있다면 50세의 나이로 20세의 건강을 유지할 수 있다는 것은 말할 것도 없습니다."

큐어트 박사의 이 방법은 첫째 정신적으로 단련하고, 둘째로는 내구력의 한계까지 단련하여 연습할 때마다 그 한계를 넓혀 나간다는 두 가지를 기본 원리로 하고 있다.

"기록을 깨뜨리는 기술은……."

그는 말한다.

"자기의 몸에 지닌 이상의 것을 끄집어내는 능력입니다. 이길 수 있을 때까지 연습을 하고 나서 쉬는 것입니다."

큐어트 박사가 로자 바니스터와 알게 된 것은 유럽의 유명한 육상 선수인 러닝의 체력을 테스트했을 때의 일이었다. 그는 바니스터의 신체가 부분적으로 굉장히 발달되어 있다는 것을 발견할 수 있었다.

그래서 큐어트 박사는 바니스터에게 정신의 발달에 유의하도록 충고를 하였다. 그 말을 들은 바니스터는 등산을 함으로써 정신을 단련하는 법을 배웠다. 그리고 등산은 그에게 장애를 뛰어넘는 것을 가르쳐 주었다. 또한 중요한 것은 그가 세운 큰 목표를 작은 목표로 나누는 것을 배운 것이다.

그의 설명에 의하면, 1마일을 4분의 1로 나누는 것보다도 처음부터 4분의 1마일만 달리려는 생각으로 달리는 편이 훨씬 더 빨리 달릴 수 있다고 생각한 것이다. 그래서 그는 1마일을 4분의 1로 나누어 그것만을 실행하려 노력했다.

그것은 곧 이런 식이었다. 먼저 4분의 1을 힘껏 달리고 다음에 약간 억제한 스피드로 트랙을 한 바퀴 돌고 숨을 돌리고 나서 다시 4분의 1을 힘껏 달린다.

그래서 그는 4분의 1마일을 항상 58초 이하로 달리는 것을 목표로 삼고 있었다. 따라서 1마일은 58초의 4배인 232초, 즉 3분 52초로 달리는 셈이 되었다. 이것이 그가 힘껏 달린 속도였다.

그가 실제로 힘껏 달리다가 스피드를 떨어뜨리고 숨을 돌리는 일을 항상 하고 있자니, 큰 레이스에서 뛰었을 때는 3분 59초나 걸리는 일이 있었다.

큐어트 박사가 바니스터에게 '체력은 단련하면 할수록 가속도가 붙는 법'이라고 가르쳐 주었을 때, 그는 지나친 연습이나 연습에 의한 과로에 대한 이야기는 허황된 이야기라고 생각했던 것이다.

그리고 그는 휴식도 연습이나 운동과 마찬가지로 중요하다는 것을 강조했다.

연습으로 소모한 신체를 전보다 좋게 하기 위해서는 충분한 휴식이 필요하다고 생각했다. 그 결과 내구력이나 정력, 에너지가 증강되는 것이다.

실제로 육체나 정신이나 모두 휴식하며 숨을 들이키는 동안에 다시 충전되는 것이다. 만일 휴식조차 없이 무리하다 보면 육체적으로 심한 타격을 받게 되어 심한 경우에는 죽어 버릴 수도 있다.

어린아이들은 피곤해도 피곤하다는 것을 느끼지 못한다. 그러나 그들의 행동하는 모습을 보고 있노라면 피곤한지 아닌지를 금세 알 수 있다. 청소년들도 자신이 과로에 빠져 있다는 것을 느끼면서도 그것을 인정하려고 하지 않는다.

그런 마음가짐으로는 학업성적이나 가정문제 또는 교육문제와 사회문제는 해결되지 않는다. 그리고 그러한 문제들은 청소년들을 일시적이든 영속적이던 파멸적인 행동으로 이끌게 하여 자신이나 타인을 해치게 될 가능성을 다분히 지니고 있다.

당신 역시 몸속의 에너지가 적을 때에는 건강은 물론 성격도 그와 비례하여 좋지 않게 된다. 그리고 배터리와 마찬가지로 에너지가 아예 없을 경우는 결국 죽어 버리고 마는 것이다.

그럼 어떻게 해야 바람직할까? 배터리가 완전히 소멸되기 전에 다시 충전하면 가능할 것이다. 그러기 위해서는 어떻게 하면 좋겠는가?

바로 당신이 가장 즐기는 휴식을 취해야만 한다.

다음에 소개하는 것은 현재 에너지양의 결정에 필요한 체크리스트이다. 만일 에너지양이 내려간다고 생각되거든 언제든지 이것을 이용할 수가 있다.

또한 당신이 올바른 정신을 갖고 있다면, 다음에 열거하는 것과 같을 때에는 당신의 배터리에 다시 충전할 필요가 있다.

- 재치나 애교가 없으며 의심이 많다.
- 흥분하기 쉽고 화를 잘 낸다.
- 신경질이 많아서 히스테리적인 행동을 한다.
- 질투심이 강하다.
- 성질이 급하고 이기적이다.
- 자주 우울함과 좌절감을 느낀다.

피로해 있을 때에는 당신이 모든 것에 대해 가졌던 바람직한 감정·정서·사상·행동이 일변하여 소극적인 마음가짐이 되기 쉽다. 그러나 충분히 휴식하여 건강을 회복하면 전과 같이 적극적인 마음가짐으로 변하게 된다.

한마디로 피로라는 것은 신체에 아주 나쁜 영향을 끼친다. 따라서 당신의 배터리에 충전하고 에너지양과 적극적인 마음가짐의 양이 상승하면 더할 수 없이 바람직하다.

당신이 자기감정과 행동에서 소극적인 마음가짐에 눌려 있다고 판단되거든 그때가 자신의 배터리에 충전할 때임을 알아야 한다.

물론 육체와 정신의 에너지를 보유하려면 신체와 정신을 단련할 필요가 있다. 그러나 여기에도 고려할 점이 있다. 바로 육체나 정신에도 적당한 양의 영양분을 주지 않으면 안 된다.

신체라는 것은 건강에 좋은 영양분 있는 음식물을 상당히 섭취함으로써 유지할 수가 있다. 정신적인 활력은 그를 지탱해주고 견인해주는 책이나 그 밖의 정신적 비타민을 흡수함으로써 유지할 수가 있다.

인디애나 주에 있는 미국 농업연구협회의 이사로 있는 조지 스카세스는 아프리카의 해안가에 있는 마을을 가리켜 이런 말을 했다.

"그 마을은 내륙에 사는 같은 종족들보다 진보하고 있다. 그 이유를 든다면 그곳의 주민들이 내륙의 주민들보다 육체적으로 강하고 정신적으로도 앞서 있다. 이는 육체적으로 잘 발달되어 있기 때문이다."

즉 해안가에서 사는 사람들과 내륙지방에서 생활하고 있는 사람들 사이의 생활 차이는 음식물의 차이에서 온다는 것이다. 내륙지방에 살고 있는 사람들은 단백질을 잘 섭취하지 못하는 반면에, 해안가 사는 사람들은 생선과 그 밖에 새우나 조개 등을 먹음으로써 단백질을 섭취하기 때문이라는 것이다.

'풍토가 인간을 만든다'란 저서를 쓴 클라렌스 밀즈는, 파나마 지역의 주민 가운데는 정신적 활동과 육체적 활동이 이상하게 둔한 사람이 많다는 것을 적고 있다.

그리하여 과학적으로 조사한 바에 의하면 그들이 주식으로 삼고 있는 동물이나 식물에는 비타민 B가 전혀 없다는 것이 밝혀졌다. 따라서 그들의 음식에 비타민 B를 첨가하면 그들은 기운을 회복하여서 혈기 왕성해지고 활동적이 된다고 한다.

당신은 자신이 섭취하고 있는 음식물에 비타민이나 다른 종류의 영양분이 부족해 에너지의 양이 낮은 것 같다고 생각되면 그 어떤 방법을 취해야 할 것이다.

잠재의식도 신체와 마찬가지로 정신적인 비타민을 섭취하고 흡수하는 것이지만 신체와 다른 점은 얼마든지 그것을 소화하고 유지한다는 점이다. 그러니까 잠재의식은 위처럼 소화불량이 없고 먹은 만큼의 것, 때로는 그 이상을 섭취하고 흡수할 수가 있다는 것이다.

　요컨대 잠재의식이란 배터리와 같은 것이므로 이 배터리에서 가끔 육체적인 활력을 변화시키는 많은 양의 정신적 에너지를 얻을 수도 있다.

　그러나 이 에너지의 충전도 소극적인 감정에 의해서 충격을 받거나 하면 아무 소용이 없게 되며, 만약에 건설적으로 쓰이는 에너지라면 그 에너지는 발전소의 발전기가 막대한 양의 전력을 생산해내듯이 스스로 몇 배로 증가되기도 한다.

건강을 지키는 법

 적극적인 마음가짐은 건강 또는 생활에서 일에 필
요한 매일의 에너지와 열의를 낳는 데 중요한 역할을
하고 있다.

그러므로 PMA(적극적인 마음가짐)는 정신과 육체의 건강을 유지
하고 오래 사는 데 도움이 될 것이다. 그러나 NMA(소극적인 마음
가짐)는 정신과 육체의 건강을 차차로 좀 먹고 생명을 단축시킬 것
이다. 이것은 마스코트가 어느 쪽으로 기우느냐에 따라 모두 결정되
는 것이다.

소극적인 사고의 영향

합리적인 PMA는 많은 사람의 생명을 구제하고 있다. 그들에게
가까운 사람이 강한 PMA를 취했기 때문이다.

다음 사건이 그 일을 증명하고 있다.

태어난 지 이틀밖에 안 되는 어린아이가 의사로부터, "이 아이는 살 수가 없습니다."라는 말을 들었다. 그러자 "아니오, 이 아이는 살 수 있습니다."라고 그 아이의 아빠가 응수했다. 그때 그 아이의 아빠는 PMA를 가지고 있고, 기도의 기적을 믿고 있었다.

그리하여 그는 기도했으며 강하게 믿고 있었다. 그리고 그는 행동으로 옮겨갔다.

어린아이는 그와 마찬가지로 PMA를 가진 소아과 의사의 치료를 받게 했다. 그러자 그 의사는 자신의 경험으로써 어떤 육체적 결함에도 자연은 대상(다른 것으로 대신 물어 주거나 갚아 줌) 작용을 일으킨다는 것을 알고 있었다. 그 결과 그 어린아이는 살아났던 것이다.

"나는 이제 살아갈 수가 없다! 죽음도 두 사람을 하루라도 떼어 놓지는 못했다."

이것은 '시카고 데일리 뉴스'에 나온 표제이다. 이 기사는 62세의 어떤 건축 기사인 아내의 죽음을 전하고 있었다.

그녀의 남편은 집에 돌아오자마자 가슴의 고통과 호흡 곤란을 느끼면서 잠자리에 들었다. 그러자 그보다 10세 젊은 그녀는 깜짝 놀라 남편의 혈액순환을 돕기 위해 손이며 발을 주무르기 시작했지만 그만 소용도 없이 죽어버린 것이다.

"나는 이제 살아갈 수가 없습니다."

그녀는 곁에 있던 모친에게 말했다. 그리고 나서 얼마 안 되어 그녀도 숨을 거두었다. 똑같은 날에 죽은 것이다.

PMA가 강해지면 좋은 일을 끌어당기고, NMA가 강해지면 나쁜 일을 가져오게 된다는 것을 알고 있다면, 이제부터라도 적극적인 생각과 행동이 얼마나 중요한지 이해할 수 있을 것이다.

믿음을 가져야 한다

라파엘 코레아는 이제 겨우 20세가 되었을 뿐이었다.

그의 집은 부자는 아니었지만 많은 사람들로부터 존경을 받고 있었다. 그리하여 그가 큰 병을 얻게 되었을 때 여섯 명이나 되는 의사와 한 젊은 인턴이 라파엘의 생명을 구하려고 푸에르토리코에 있는 병원의 작은 수술실에서 밤을 새우며 악전고투하고 있었다.

그들은 한숨도 자지 못하고 12시간이나 계속 간호를 하고 있었으므로 극도의 피로로 인해 겨우 졸음을 참고 있었다. 그러나 그들의 노력도 아무 보람 없이 급기야 라파엘의 심장 고동은 멈추고 말았다. 맥박도 느끼지 못하게 되었다.

주치의는 메스를 들어 라파엘의 손목 혈관을 잘랐다. 그러자 그곳에서 누런 액체가 뿜어져 나왔다. 그럼에도 주치의는 마취제를 쓰지 않았다. 이미 그 젊은이의 몸이 고통을 느끼지 못할 정도로 쇠약해져 있었기 때문이었다.

다른 의사들도 자신들이 하는 말이 라파엘에게 들리지 않을 것이라 생각하고 마치 그가 죽어 버리거나 한 듯한 같은 어조로 말했다.

"기적이라도 일어나지 않는 한, 이제는 틀렸어."

주치의는 수술복을 벗고 수술실을 나갈 준비를 했다. 그때 젊은 인턴이 이렇게 말했다.

"제가 여기 있을까요?"

"그렇게 해주게."

이윽고 의사들은 수술실을 나갔다.

그곳에 남아 있던 젊은 인턴은 혼자서 중얼거렸다. 어떤 책에 쓰여 있던 내용이었다.

"우리에게 실망은 없다. 보이는 것은 보지 않고 보이지 않는 것을 보기 때문이다. 보이는 것은 일시적인 것이요, 보이지 않는 것은 영원한 것이다."

그리고 죽은 듯 누워 있는 환자는 그 소리를 듣고 있었다. 그리고 그의 마음에는 그 무엇인가가 생동하기 시작했다.

삶과 죽음의 경지를 헤매는 동안은 몸을 움직일 수가 없다. 그럼에도 불구하고 책을 통해 잠재의식에 심어놓았던 PMA에 의해 그의 마음은 신과 교류하는 것처럼 느껴졌다. 바로 신과 함께 있는 것 같은 느낌이 들었던 것이다.

그리하여 그는 잠재의식에 의한 마음속으로 신에게 빌었다.

"당신은 저를 알고 계십니다. 당신은 저의 마음속에 계십니다. 당신은 저의 생명입니다. 이 우주에는 오직 하나의 마음, 하나의 원리, 하나의 실체밖에 없습니다."

그는 계속했다.

"저는 죽어도 아무것도 잃지 않습니다. 다만 형체가 변할 뿐입니다. 그러나 저는 아직 20세입니다. 신이여, 저는 죽음을 두려워하지 않습니다. 그러나 살고 싶습니다. 어느 날이든 다시 저에게 생명을 부여해 주신다면 당신의 뜻에 의해 보다 올바른 생활을 하며 남을 위하여 헌신할 생각입니다."

인턴이 라파엘의 얼굴을 들여다보니, 라파엘의 눈꺼풀이 깜박 움직이는가 싶더니 왼쪽 눈언저리에서 눈물이 떨어지려 하고 있었다.

"선생님, 선생님, 빨리 와 주십시오! 살아 있는 것 같습니다!"

그는 흥분해 소리쳤다.

그리고 원래의 체력을 회복하기까지는 1년 이상이나 걸렸지만 그래도 마침내 라파엘 코레아는 살아날 수가 있었다.

우리가 생 쥬앙으로 갔을 때 라파엘은 그를 밤새도록 간호해준, 지금은 외과의사가 된 인턴이었던 사람을 소개해 주었다. 그리고 우리의 대화가 그 당시 책의 내용에 대해 미치자, 라파엘은 다음과 같이 말했다.

"저는 여러 가지 책을 읽었습니다만, 그날 밤 제 마음을 지배하고 있던 생각은 메리 베이커 에디가 지은 '성서를 중심으로 한 과학과 건강'이었다고 생각합니다."

라파엘의 예에 의해서도 알 수 있듯이 감명 깊은 서적은 한 사람의 인생을 바꾸는 데 아주 큰 공헌을 하고 있다. 그것은 그 책을 이것을 읽는 자로 하여금 적극적인 행동을 취하게 하기 때문이다.

건강 유지의 필수조건

존 록펠러가 그동안의 모든 사업에서 손을 떼자, 건강한 몸과 정신으로 행복하게 살 것이라는 목표를 세우고 이를 실행에 옮겼다. 그렇다고 그가 그 모든 것을 돈으로 산 것은 아니었다. 록펠러는 어떻게 해서 자신의 목표를 달성했는지 소개해 보겠다.

첫째, 매주 일요일 교회에 나가고 자신이 해야 할 일을 메모해 왔다.

둘째, 매일 밤 8시간씩 자고 짧은 낮잠을 자도록 했다.

셋째, 매일 샤워를 하도록 노력했다.

넷째, 건강과 장수에 좋은 기후인 플로리다주로 이사해서 살았다.

다섯째, 균형 잡힌 생활을 하도록 했다.

여섯째, 안정된 마음으로 식사를 하고, 그 어떤 음식이든 꼭꼭 씹어서 소화시키며 먹었다.

일곱째, 정신적 비타민을 흡수했다.

여덟째, 비간 박사를 주치의로 삼았다. 박사는 록펠러의 건강과 행복을 유지하기 위해 고용되었다.

아홉째, 가족들에게까지 화가 미치도록 동료의 원한을 사는 일 같은 것은 하지 않았다. 록펠러의 동기는 처음에는 자신만을 위한 이기적인 것이었다. 그러나 그가 설립한 재단은 금후 몇 세대에 걸쳐 인류에 공헌할 것이다.

당신은 PMA가 육체적, 정신적 건강에 도움이 된다는 것을 자각해야 하며 이 밖에 PMA와 함께 쓰지 않으면 안 되는 요소가 얼마든지 있다는 것을 인지하고 건강 또한 그중의 하나임을 명심해야 한다.

기적의 PMA

당신은 위생학에 대해서 어떤 것을 알고 있는가?

위생학을 정의하면, '건강 증진을 목적으로 만들어진 원리와 법칙의 체계'라고 말할 수 있다. 사회 위생학의 경우는 특히 육체적 접촉에 의한 전염병이 대상이 된다. 아무튼 육체와 정신의 위생학이나 사회 위생학을 알지 못하면 질병에 걸리거나 죽거나 할 수밖에 없다.

그러나 알코올 중독의 치료는 위생학을 가르치는 것처럼 순조롭지는 않다. 미국에서는 알코올 중독이 보건 문제 중에서 네 번째의 큰 문제로 되어 있다.

알코올 중독은 정신적인 병 다음으로 많아지고 있으며 정신적인 병을 낳은 가장 큰 원인의 하나로 되어 있다. 그리고 산업계에서는 알코올 중독에 의해 연간 10억 달러가 넘는 돈이 새나가고 있다. 그러나 금전적인 손실 같은 것은 알코올 중독에 의한 육체적 건강이나 정신적 건강, 혹은 생명을 잃거나 하는 것은 비하면 아무것도 아니다.

알코올 중독자의 경우 술의 매력에 저항하려고 했다가 실패하게 되면 이제 자기의 알코올 중독은 도저히 고칠 수 없다고 체념하게 된다.

　뇌파기록 장치 등을 써서 과학적으로 조사해 본 결과 알코올이 뇌파를 바꾼다는 사실이 알려져 있다. 알코올은 신경 세포의 신진대사에 강하게 작용하여 리듬이 늦어지거나 때로는 강한 것조차 억제시켜 의식까지 바꾸거나 한다.

　알코올이 뇌세포에 작용하게 되면 의식의 억제력이 저하된다.

　사실 알코올 중독은 아주 무서운 병이다.

　생활이 알코올의 지배를 받게 되면 육체적, 정신적, 도덕적으로 과오를 범하게 되어 공포나 분노에 휩쓸리게 된다. 어찌 되었든 일단 알코올에 지배당하게 되면 그 지배력에서 피해 나오기란 쉬운 일이 아니다.

　그럼에도 불구하고 알코올 중독의 치료법은 있다. 어떤 치료법이 있을까?

　바로 유치원생도 알 만한 방법으로 술 마시는 것을 중지하면 된다. 그러나 알코올의 경우도 말하기는 쉬워도 막상 행동하기란 너무 힘든 일이다. 중요한 것은 하면 된다는 신념이다. 노력하면 반드시 된다.

　적극적인 마음을 가지게 되면 금주를 단념하지 않는다. 전에 실패를 경험했거나 타인이 실패했을 때의 일을 알고 있기 때문이다.

　적극적인 마음을 가지게 되면 성공한 경험을 생각해내고 희망을 가질 수가 있다.

　걸음마를 배우고 있는 어린아이가 세 걸음 걷고 넘어졌다고 해서 그 일을 반성하거나 하지는 않는다. 젖먹이는 무의식적인 노력에 따라 진보하는 것이다.

알코올 중독자를 구제해 주는 곳은 많지만 무엇보다도 중요한 것은 자기 자신을 이겨 내지 않으면 안 된다. 그래도 일반적으로 스스로 억제할 수 있을 때까지는 여러 가지로 조언하고 붙들어 주는 사람이 필요할 것이다. 그리고 또는 PMA가 NMA로 역행하지 않도록 스스로를 다그치지 않으면 안 된다.

강한 PMA는 알코올 중독자에까지라도 기적을 행할 수가 있다.

당신에게 대해서도 마찬가지로 건강이나 장수를 가져오는 점에서 적극적인 마음가짐은 기적적인 활동을 할 것이다.

그러나 건강에 대한 불안감은 자신도 모르는 사이에 PMA를 깨뜨릴 가능성이 있다. 조금이라도 아프거나 괴롭다고 생각하면 저절로 NMA로 될 수가 있기 때문이다. 그런 불안한 상태가 오래가면 오래 갈수록 병에 대한 태도는 점점 적극적인 태도에서 소극적인 태도로 변해 간다.

그리고 걱정하고 있던 증세가 실제로 주의를 요하는 경우, 마냥 불안감을 느끼면서도 아무것도 하지 않으면 그 상태가 더욱 더 악화될 뿐이라는 것을 잊어서는 안 된다.

타인의 생명을 위협해서는 안 된다

어느 신문 기사의 표제에 이렇게 나와 있었다.

'장례식에 급히 가던 여섯 명, 시속 106마일의 폭주로 사망'

그 뒤에 다음과 같은 내용이 실려 있었다.

"일요일에 자동차 사고로 죽은 여섯 사람의 장례식이 행해졌다. 이 여섯 사람은 아는 사람의 장례식에 가다가 운전기사의 과속으로 사고를 당했던 것이다."

보행자처럼 사고를 조심하고 교통 법규를 지켜야 한다.

만일 타인에게 핸들을 맡겼을 때에는 그 사람의 육체적·정신적 결함이나 차 상태에 따라 당신의 생명이 좌우된다는 것을 잊어서는 안 된다.

더구나 단 한 잔의 술이라도 마셨거나 브레이크가 밀린다든지 하는 경우는 설혹 자신의 차라 할지라도 핸들을 잡아서는 안 된다. 이는 자기 생명을 구하고 남의 생명까지 위협하지 않기 때문이다.

행복을 위한 방법

일찍이 에이브러햄 링컨은 말했다.

"내가 보기에 행복의 정도는 대개 마음가짐 하나로 결정되는 것 같다."

개인 차이는 미미한 것이지만, 그 근소한 차이가 큰 차이를 낳는다. 그 근소한 차이는 태도에 달려 있으며 큰 차이는 적극적인 마음가짐인지 아니면 소극적인 마음가짐인지의 차이이다.

자신의 마음속에서 행복을 찾아야 한다

"나는 행복해지고 싶어요. 하지만 당신을 행복하게 해드리기까지는 나 또한 행복해질 수 없어요."라고 시작되는 유행가가 있다.

자신의 행복을 찾아내기 위한 가장 확실한 방법은 다른 누구인가를 행복하게 해주기 위해 에너지를 소비하는 일이다.

그럼에도 행복은 붙잡을 수가 없으며 잡으려 해도 그저 막연할 수밖에 없다.

그러나 다른 누구인가를 행복하게 해주려 노력한다면 그 행복은 바로 당신이 머무는 곳으로 찾아올 것이다.

오클라호마시 대학 종교학부의 교수 부인이요, 작가인 클레어존스는 막 결혼했을 무렵의 행복에 대해 이렇게 말하고 있다.

"우리는 결혼하고 나서 2년쯤 어느 조그마한 살았습니다. 이웃 사람은 노부부로, 부인은 맹인에 가까워 휠체어에 의지하고 있었으며 남편은 그리 건강해보이지는 않았지만 부인의 시중을 들고 있었습니다. 크리스마스를 앞두고 남편과 나는 크리스마스트리를 장식하고 있었습니다. 그때 문득 이웃의 노부부에게도 크리스마스트리를 장식해 드리면 어떻겠느냐는 의견이 나왔고, 우리는 작은 크리스마스트리를 사 가지고 가서 크리스마스이브에 노부부에게 전달해드렸습니다."

여기까지 얘기하고 나서 그녀는 회상하듯 계속했다.

"부인은 반짝반짝 빛나는 꼬마전구를 잘 보이지 않는 눈으로 빤히 바라보면서 울었습니다. 그 남편은 '크리스마스트리를 장식한 것이 몇 해만인지 모릅니다.' 하고 되풀이해 말하는 것이었습니다. 새해에도 우리가 찾아가니 또 두 사람은 우리가 드린 크리스마스트리 이야기를 했습니다. 우리가 두 사람을 위해 해드린 것은 극히 작은 일이었습니다만, 그 작은 일이나마 해드린 것이 행복했습니다."

그들이 친절을 베푼 결과로 경험한 행복은 길이 추억에 남을 만큼 깊고 따뜻한 감정이었다. 그것은 친절한 일을 하는 사람들에게 찾아오는 지극히 당연한 종류의 행복이다.

당신은 행복해지기도 하고, 만족도 얻을 수 있으며 불행해질 수도 있다. 그 선택은 오롯이 당신 자신에게 달려 있다. 그리고 그 결정적 요인은 당신이 PMA의 영향 밑에 있는가, NMA의 영향 밑에 있는가 하는 것이다. 아울러 이는 당신 노력여하에 따라 결정되어지는 것이다.

핸디캡을 극복해야 한다

헬렌 켈러는 태어날 때부터 언어 장애, 청각 장애 그리고 시각 장애자였으므로 다른 사람들처럼 주위 사람들과의 통상적인 의사소통에 의해서 지식을 얻을 수 없었다. 오직 촉각만을 의지해 타인과 마음을 통하고, 사랑하고, 사랑받는 행복을 맛보았던 것이다.

헬렌 컬러의 노력도 눈물겹지만 그녀에게 사랑의 손을 내밀어준 헌신적인 선생의 도움으로 말도 못 하고, 듣지 못하고 보지 못하는 소녀를, 재치 넘치는 밝고 행복한 여성으로 전환시켰다.

헬렌 켈러는 일찍이 이렇게 쓰고 있다.

"행복을 찾는 사람은 잠시 발을 멈추어 생각하면, 이제까지 경험했던 기쁨이 발밑의 풀이나 이른 아침 꽃잎에 맺힌 반짝반짝 빛나는 이슬과 같이 수없이 많다는 것을 아실 겁니다."

헬렌 켈러는 주어진 신의 은혜를 생각하고 마음으로부터 감사했다. 그리고 신의 은혜의 기적을 남에게 나누어 주어 기쁨을 맛보게 했다.

그녀는 좋은 것, 아름다운 것을 나누어 주기 때문에 보다 많은 것,

아름다운 것들이 그녀 자신에게로 끌어 당겨져 왔다고 생각했다. 다시 말해서 주는 것이 많으면 많을수록 얻는 것이 많아지기 때문에 행복함을 느낀 것이다.

당신도 타인에게 행복을 나누어 주면 행복은 그만큼 당신의 내부에서 풍부하게 부풀어 오를 것이다.

그러나 비참함이나 불행을 나누어 주면 비참함이나 불행을 당신 자신에게로 끌어들이는 것이 될 것이다.

또 언제나 번뇌가 문제가 아니라 그 번뇌를 하나의 구실로 호소하고 있는 사람이 주위에 많다. 이러한 사람들의 번뇌는 진짜 번뇌가 아니다. 그것은 항상 타인에게 번뇌를 나누어 주고 있기 때문이다.

애정이나 우정을 강하게 원하면서도 스스로 고독을 자처하는 사람들이 이 세상에는 많이 있다. 그러한 사람들 중에는 NMA를 지닌 사람들로서 행복을 거부하는 사람들이다. 그리고 그런 사람들의 대부분은 뭔가 좋은 일이 찾아오기를 원하면서도 자신이 가지고 있는 좋은 것을 타인에게 나누어주려고 하지 않는다.

자신의 기분을 전환하기 위해 무엇인가를 할 용기를 가지고 있는 사람이라면 좋은 것이나 아름다운 것을 타인에게 나누어 주는 것 속에서 그 답을 찾아낸다.

아주 고독하고 불행한 소년이 있었다.

그는 태어날 때부터 보기 흉하게 등이 구부러지고 왼쪽 다리가 활 모양으로 휘어 있었다. 그러나 이 소년을 진찰한 의사는 소년의 아버지에게 이렇게 말했다.

"걱정할 필요 없습니다. 이 아이는 자신의 일을 혼자서 무난히 해 나갈 것입니다."

소년의 집은 가난하였으며 어머니는 그가 채 한 살도 채 되기 전에 죽어 버렸다.

소년이 성장해 감에 따라 다른 아이들은 그의 몸이 흉하다든가, 여러 가지 일들을 함께 할 수 없다는 이유로 그를 회피하게끔 되었다.

찰스 스타인메츠가 바로 이 소년의 이름이었고 그는 한마디로 고독하고 불행한 소년이었다.

그러나 신은 이 소년을 버리지 않았던 것이다.

불우한 환경의 찰스에게는 못난 신체를 보충하기 위해 뛰어난 기억력이 주어져 있었다.

그는 주어진 그 최대의 재산을 활용함으로써 아무 일도 못 하리라 생각하고 있던 육체적 결함을 잊고 공부하여 놀라운 능력을 발휘하기 시작했다.

그는 5세에 라틴어의 동사 변화를 암기했다.

7세 때에는 그리스어를 배우고, 히브리어도 조금 배웠다.

8세 때에는 이미 수학에 있어서 대수와 기하를 충분히 이해할 수 있게 되었다.

그는 이윽고 대학에 들어가 모든 학과에서 최고의 성적을 따냈고 우수한 성적으로 졸업하게 되었다. 그리고 그는 푼돈이나마 알뜰히 모아 졸업식에 입고 갈 예복을 빌릴 수가 있었다.

그런데 대학 당국에 NMA의 사고방식을 지닌, 지극히 동정심 없는 사람이 있어 찰스의 졸업식을 불허한다는 내용이 게시판에 내붙었다. 독일 정부가 금지한 학생 사회주의 클럽에 참여했다는 이유에서였다.

이런 상황에서 찰스는 많은 고심을 한 끝에 새로운 길을 모색하기 위해서 미국으로 건너갔다. 그리고 미국에 도착한 찰스 스타인메츠는 바로 직장을 찾기 시작했다.

물론 그의 모습이 흉하다는 것을 이유로 몇 번인가 박절히 거절당했지만, 동분서주한 끝에 주급 12달러로 제너럴 일렉트릭 회사에 취직할 수가 있었다.

그는 자신에게 주어진 일 외에 많은 시간을 할애하여 전기기계에 관해 공부하였고 자신이 아는 지식을 동료들에게 나누어줌으로써 인간관계를 돈독히 하려고 하였다.

그리고 얼마 되지 않아서 제너럴 일렉트릭 회사의 사장이 그의 보기 드문 재능을 알아보았다.

"이곳에 있는 설비는 모두 우리 회사의 것이다. 이를 이용해 얼마든지 하고 싶은 일을 해도 좋다. 연구를 하고 싶으면 하루 종일 연구를 해도 상관이 없다. 그리고 그 연구비용은 별도로 지불해 주겠다."

이후 찰스는 경영주의 보호 아래 전기공학의 실용적인 면에서 몰두하게 되었다. 공장에 작은 연구실을 세웠으며 그곳에서 많은 과학적인 연구를 할 수 있었다.

그리하여 전기관계의 발명으로 200여 가지 이상의 특허를 받았으

며 전기이론이나 전기 기술 문제에 관한 책이며 논문을 발표하기에
이르렀다.

그는 일이 잘되었을 때의 기쁨을 알고 있었으며, 이 세상을 좀 더
살기 좋은 곳으로 만드는 데 공헌하는 기쁨 또한 알고 있었던 것
이다.

그는 자신이 재산을 축적함은 물론 잘 아는 신혼부부에게 멋진 집
을 사서 선물해주기도 했다. 따라서 찰스의 생애는 행복했으며, 한
마디로 그의 삶은 유복한 생이라고 할 것이다.

행복은 가까운 곳에서 발견해야 한다

모든 사람들은 생활의 대부분을 가정에서 가족과 함께 지내며 살
고 있다.

그러나 행복을 추구하고 안전의 항구여야 할 그 가정이 불행히도
행복이나 조화를 이루지 못하고 오히려 투쟁의 자리가 되는 경우도
있다.

가정 문제는 각 개인마다 다르고 여러 가지 이유를 들 수 있을 것
이다.

PMA 성공 강좌시간에 두뇌가 명석하지만 다소 공격적인 24세쯤
되는 청년에게 물었다.

"무슨 문제가 있습니까?"

그러자 그 청년은 대뜸 이렇게 대답했다.

"있습니다. 문제는 저의 어머니입니다. 이번 토요일에 저는 집을

나가기로 작정했습니다."

　그리하여 강사는 그 청년과 그 문제에 관해 얘기를 하고 있는 동안에 그와 그의 어머니 사이가 조화를 이루지 못하고 있다는 것을 분명히 깨달을 수 있었다. 그리고 강사는 그 어머니의 성격 또한 그 청년과 비슷해 다분히 공격적이라는 것을 알 수 있었다.

　그래서 강사는 사람의 성격이 자석과 비유할 수 있다는 것을 가르쳐 주었다.

　"당신과 어머니는 비슷한 점이 많으니까, 어머니에 대한 당신의 태도 여하에 따라 당신에 대한 어머니의 태도도 정해지게 됩니다. 어머니의 기분은 당신 자신의 기분을 분석해 보면 잘 알게 될 것입니다. 그렇다면 당신의 문제는 쉽게 해결할 수 있습니다. 서로 강한 두 사람이 대립하고 있어 함께 조화로운 생활을 하려면 적어도 한 사람은 PMA의 힘을 빌리지 않으면 안 됩니다."

　여기까지 얘기하고 나자 강사는 다시 그 청년을 바라보며 이렇게 말했다.

　"그럼 당신에게 이번 주 숙제를 내드리지요. 만약 어머니로부터 어떤 일을 부탁받거든 기꺼이 하도록 하세요. 그 어떤 군소리도 해서는 안 됩니다. 그리고 어머니의 결점이 눈에 띌 때는 어머니의 장점을 찾아내도록 하세요. 그렇게 하면 당신 스스로 기분전환이 될 것입니다. 또한 그렇게 한다면 당신의 어머니 역시 당신이 말하는 것을 듣게 되겠지요."

　"그렇게 잘 안 됩니다. 어머니는 도저히 제 말을 들을 사람이 아닙니다."

그 청년이 대답했다

"그러나 당신이 PMA로 잘되도록 마음먹으면 불가능하지는 않을 것입니다."

강사는 말했다.

1주일 후에 그 젊은이는 강사로부터 숙제를 해왔느냐는 질문을 받았다. 그리고 그의 대답은 다음과 같은 것이었다.

"염려해 주신 덕택에 1주일 동안은 두 사람 사이에 불쾌한 말이 오고가지 않았습니다. 저도 그냥 집에 있기로 했으니까 안심하셔도 됩니다."

행복해지려면 남을 먼저 이해해야 한다

만일 당신이 행복해지고 싶거든 남을 먼저 이해하도록 노력해야 한다. 그러나 타인의 에너지 양이나 능력은 당신과 똑같지 않다는 것을 인식해야 한다.

타인의 생각이 당신과 똑같을 수는 없다. 남이 좋아하는 것과 당신이 좋아하는 것 또한 다르다는 것을 이해해야 한다.

이것을 인식하게 되면 당신 자신 속에 PMA를 길러, 타인의 마음속에 바람직한 반응을 생겨나게 하는 것도 그리 어려운 일이 아닐 것이다.

자석은 반대되는 극끼리 서로 끌어당긴다. 그리고 이해가 공통되는 경우에는 두 사람의 성격이 정반대일지라도 서로 잘해 나갈 수가 있다.

어떤 경우에 한 사람은 야심적이요 고집이 세고, 대담하고도 낙천적이며 정력적인 에너지와 끈기가 있다. 또 한 사람은 겁이 많고 마음씨가 순하며, 언제나 빈틈이 없고, 상대방에게 기운을 북돋아 주며 격려해 준다.

그러면 서로의 성격이 혼합되어 결과는 중화되는 것이다. 따라서 한 사람의 성격만이 강하게 나감에 따라 또 한쪽의 사람이 욕구 불만에 빠지는 그런 일은 피할 수가 있다.

만일 당신과 성격이 비슷한 사람과 결혼했다고 하면 당신은 행복해진다고 말할 수 있는가 정직하게 대답해 보자. 아마도 대답은 노 NO일 것이다.

어린아이들에게 부모가 해주는 것을 모두 이해하고 고맙게 여기도록 가르칠 수도 있다.

가정불화 원인의 대다수는 어린아이들이 부모를 고맙게 생각하고 이해하지 않는 데 있다. 그러면 그것은 누구의 책임일까?

얼마 전의 일이다.

우리는 훌륭한 일을 하고 있는 어떤 큰 단체의 회장과 만나기로 되어 있었다. 그가 공적으로 행했던 훌륭한 일에 대해 각 신문들은 모두 그를 호의적으로 소개하고 있었다. 그런데 막상 우리가 만났을 때의 그는 몹시 불행해 보였다.

"나를 좋다고 하는 사람은 한 사람도 없을 겁니다. 우리 아이들마저도 싫어하니까요. 무슨 이유일까요?"

그가 물었다.

사실 그 사람은 선의를 베푸는 사람이다. 돈으로 살 수 있는 것은 무엇이든지 자신의 아이들에게 사주었다. 또한 자신이 싫어하는 일은 어린아이들에게 하지 않도록 했다.

그리고 자신이 어려서 경험하지 않으면 안 되었던 그런 고생을 자식들이 겪지 않도록 배려했던 것이다. 따라서 자식들이 자신에게 고맙게 여기거나 감사해주기를 기대한 일은 한 번도 없었고, 실제로 아이들 역시 그를 표현해본 적도 없었다. 다만 그는 자신이 그렇듯 자식들도 자신을 이해할 것이라고 생각했던 것이다.

그는 남을 행복하게 해줌으로써 자기도 행복해진다는 것을 자식들에게 가르쳐 주지 않았다. 그 때문에 자식들의 행동은 그를 불행하게 했던 것이다.

자식들이 어렸을 때 좀 더 그들과 마음을 털어놓고 이야기하고, 아이들을 위해 아버지가 여러 가지로 고생한 일을 이야기해 주었더라면, 그 아이들은 아마 그 아버지에 대해 좀 더 이해할 수 있지 않았나 하는 생각이 든다.

그러나 이 사람들의 경우가 아니라 같은 입장에 서 있는 사람이라 할지라도 언제까지나 불행하다고 느낄 필요는 없다. 그때는 마스코트를 PMA 쪽으로 뒤집어 가까운 사람들에게 자기에 대한 좋은 면을 이해하여 주도록 노력할 수 있을 것이다.

또한 어린아이들에게 물질적인 것만을 주는 대신에 사랑을 듬뿍 나누어 줌으로써 부모로서의 애정을 얻을 수 있는 기회를 얻을 수도 있다. 돈을 주었을 때처럼 선뜻 있는 그대로의 자기 자신을 나누어 주면 아이들의 애정도 이해라는 형태의 넉넉한 보답을 하게 될 것이다.

만족을 느끼는 법

여러 신문에 칼럼을 쓰고 있는 나폴레옹 힐은 '만족'이란 제목으로 기사를 쓴 일이 있다. 그 기사가 당신에게 도움이 될지도 모르겠다.

그것은 다음과 같은 것이다.

세상에서 제일 부유한 사람이 행복의 골짜기에 살고 있었다. 그는 아주 귀중한 것, 즉 그에게 만족과 건강, 마음의 안식과 조화, 평화를 주는 PMA를 풍부하게 지니고 있다.

그의 재산은 다음과 같이 해서 손에 넣은 것이다.

- 나는 남의 행복을 찾아 줌으로써 스스로 행복을 찾아냈다.
- 나는 절도 있는 생활을 하고, 건전한 신체를 유지하기 위해 필요한 만큼의 것밖에 먹지 않도록 하여 건강을 얻었다.
- 나는 남을 미워하거나 원망하지 않고 모든 사람을 사랑하고 존경한다.
- 나는 즐기면서 여유를 가지고 노동에 종사하고 있다. 그러니까 피로한 것을 그리 느끼지 못한다.
- 내가 매일 기도하는 것은 재산이 좀 더 늘어났으면 하는 것이 아니라 좀 더 사려 깊게, 현재 지니고 있는 많은 재산을 느끼고

받아들여 맛보는 것이다.

- 나는 항상 타인에게 경의를 표하고 있으며, 어떤 이유가 있든 남을 해치는 일은 하지 않는다.
- 나의 동정을 바라는 사람들 모두에게 그것을 주는 특권 이외에 나는 그 무엇도 바라지 않는다.
- 나는 양심에 충실하며 무엇을 해도 잘못을 범하는 일은 없다.
- 나는 필요 이상으로 물질적인 재산을 가지고 있지 않다. 물질 과는 인연이 없기 때문이다. 살아 있는 동안 꼭 쓸 만큼의 재산 이 있다면 좋은 것이다. 나의 재산, 내 행복 골짜기의 부동산에 는 세금이 붙지 않는다. 그것은 주로 내 마음이 닿을 수 없는 곳에 있고, 내가 사는 방식에 공감해주는 사람들을 제외하고 는 과세하거나 평가할 수 없기 때문이다. 나는 자연의 법칙에 따르고, 이에 순응하는 습관을 몸에 붙이도록 계속 노력할 것 이다.

행복의 골짜기에 사는 이 사람의 성공 신조에는 판권이 없으며 누 구라도 이것을 자기 것으로 만들면 마음의 양식과 평안함, 그리고 만족을 얻을 수 있다.

유태 교회의 목사 루이스 번스토크는 그가 지은 '믿음의 힘' 속에 서 행복에 대해 다음과 같이 서술하고 있다.

"인간이 태어났을 때는 하나로 통합되어 있다. 인간이 형성하고 있는 세계가 인간을 뿔뿔이 흩어지게 하는 것이다. 어리석은 세계,

허위의 세계, 공포의 세계이다. 믿음의 힘, 자기 자신에 대한 믿음, 동포에 대한 믿음, 운명에 대한 믿음, 신에 대한 믿음을 빌면 다시 인간은 하나로 통합된다. 그리고 그때 비로소 세계는 정말로 하나가 되리라. 그리고 그때 비로소 행복과 평화를 얻으리라."

우리의 생각이 올바르면 우리가 사는 세상도 올바르게 된다는 것을 잊어서는 안 된다.

행복도 재산이나 불행이나 빈곤과 마찬가지로 얼마든지 끌어당길 수가 있다.

신비의 힘인 정신을 탐구해야 한다

우리 자신을 정신靜神이라고 정의한다면 누구나 신비적인 기지旣知의 힘과 미지未知의 힘을 가지고 있다. 따라서 우리의 마음속에 잠재하는 이 신비한 힘을 적극적으로 탐구해야 한다.

만약 그 힘을 발견할 수 있다면 심신의 건강은 물론 부와 성공, 행복은 자신의 마음가짐에 따라 얼마든지 가능하다. 적극적인 마음가짐으로 미지의 정신력을 탐구하고 이 힘을 이용하는 방법을 배운다면 응용 또한 그리 어려운 일이 아니다.

우리는 일찍이 신이 창조한 만물 중에서 가장 정교한 인간이라는 기계로 비유로 비유할 수 있다. 따라서 우리는 우리가 바라는 것을 생산해내기 위해서 바르게 기계를 작동하는 방법을 배울 것이다.

그 특수한 기계는 비록 신이 만든 걸작이지만 그 기계는 바로 우리가 가지고 있는 것이다.

그렇다면 그 기계의 구조는 어떤 부품으로 이루어져 있을까?

특별히 그 기계는 80조 개 이상의 세포로 구성되어 있고 당연히 수많은 부품으로 이루어져 있다. 그리고 어느 부품 하나하나도 그 자체로써 하나의 기계인 것이다.

그중의 하나는 우리 인간이 상상하기조차 어려울 정도로 놀랍고 신비한 성능을 가진 부품이지만, 그 무게는 겨우 약 1.4kg에 지나지 않는다. 그 부품은 100억 개 이상의 세포로 만들어져 있어 발전과 수신, 기록은 물론 에너지의 전달과 같은 일을 하고 있다.

누구나 가지고 있는 이 놀랍고 신비한 기계란 무엇인가? 바로 우리의 두뇌다.

설혹 우리가 팔을 하나 잃는다든지, 한쪽 눈을 잃든지, 그 밖에 그 어떤 곳에 결함이 생기더라도 역시 우리의 두뇌는 변함없이 작동한다. 이 기계가 있으므로 우리의 마음을 일으켜 활동하도록 하는 것이다.

게다가 우리의 마음에도 역시 부품이 있다. 그 하나는 의식이요, 다른 하나는 잠재의식이다. 이들은 동시에 활동하며 공동으로 작업을 영위한다.

과학자나 심리학자들은 마음속에 의식되어 있는 것들에 대해서 아주 많은 것을 알고 있다. 그러나 그들이 잠재의식이라는 거대한 미지의 영역 탐구에 착수한 것은 불과 100년도 못 되는 이전의 일이다.

그럼에도 원시인들은 인류의 역사가 시작된 무렵부터 잠재의식의 신비적인 힘을 교묘하게 이용해 왔다. 현대에도 오스트레일리아의 원주민이나 다른 미개 민족 사이에서는 변함없이 행하여지고 있다.

자, 그럼 이제 본제인 '신비의 힘 정신'의 탐구를 시작하자.

먼저 시드니의 빌 마코르의 체험담을 통해 실패와 성공의 여행에 대한 이야기를 살펴보기로 한다.

빌이 독립하여 피혁업을 시작한 것은 그가 19세 때였지만, 그 사업은 실패로 끝났다.

21세 때는 의원 선거에 입후보했지만 실패했고 그 밖에도 하는 일마다 실패했지만, 그는 결코 굴하지 않고 다시 일어서기로 했다.

빌은 먼저 어떻게 해서든 부자가 되어야 한다고 생각했다. 그리하여 재산을 모으는 데 필요한 법칙이 담겨 있는 책을 읽으면 그 속에 답이 있을 것이라고 생각하여 도서관으로 갔다.

빌은 도서관에서 '생각하라, 그러면 부자가 될 수 있다'라는 책의 제목에 끌렸고 곧 그 책을 빌려 왔지만, 한 번 읽고 두 번 읽고 세 번을 읽어도 세계의 대부호들이 성공한 원리를 깨달을 수 없었고 자신에게 어떻게 적용하면 좋을지 알 수가 없었다.

그러나 그는 최근 만난 사람들에게 다음과 같이 얘기해 주었다.

"내가 이 책을 네 번 읽고 있을 때의 일이었습니다. 시드니의 상점가를 어슬렁거리며 거닐고 있노라니까 문득 어떤 생각이 뇌리에 번득였습니다."

그는 미소 지으며 이야기를 계속했다.

"나는 자신도 모르게 큰 소리로 이거다! 나도 알았다! 하고 소리쳤습니다. 너무 심한 흥분에 휩싸여 나 자신도 놀랄 정도였습니다. 나는 이 발견을 가슴속에서 되풀이하여 새기며 집으로 돌아왔습니다. 나는 이미 어린 시절에 우리 아버지가 '의식적 자기암시에 의한 자기 지배'라는 에밀 쿠에의 책자를 큰 소리로 들려준 일을 지금도 기억하고 있습니다."

그는 진지한 어조로 계속했다.

"만일 에밀 쿠에가 의식적 자기암시에 의해 사람들에게 병을 고쳐 건강을 되찾는 데 성공했다면 재산이라든가, 그 밖의 무슨 일이든 소망을 성취시키기 위해서도 자기암시를 활용할 수 있을 것이라고 생각했습니다. 자기암시를 활용해 부자가 되어라! 이것은 나의 커다란 발견이요, 나에게는 새롭고 획기적인 사고방식이었습니다."

빌은 그 다음에 그 원리를 말했다. 마치 그 책 속에 있던 내용을 암기하는 것 같았다.

"의식적 자기 암시는 마음에 강한 영향을 주는 효력이 있습니다. 그리고 적극적인 마음의 잠재의식에 창조성 있는 사고방식을 심어 줄 수도 있습니다. 그러나 방심하면 아름답고 풍성한 꽃밭과 같은 마음의 잠재의식에 파괴와 좌절의 소극적인 마음을 허락하기도 합니다. 매일 2회씩 주의력과 온 감정을 집중하여 돈을 벌고 싶다는 당신의 소망을 큰 소리로 외치다 보면, 이미 그 돈을 소유하고 있는 자신의 모습을 보거나, 그 돈을 만져 본 것 같은 느낌이 들게 됩니다. 이것은 당신이 자신의 잠재의식에 당신이 소망하는 것과 직접 교류하고 있는 것입니다. 이를 되풀이하다 보면 돈을 벌 수 있는, 보다 효과적인 방법을 터득하게 되고, 보다 적극적인 습관을 몸에 붙일 수 있습니다."

이렇게 말한 다음 그는 사람들을 둘러보며 다시 말했다.

"자기암시의 원리를 활용하는 능력은, 당신의 희망이 활활 타오르는 열망에 다다르기까지 그 일에 정신을 집중할 수 있느냐 없느냐에 크게 좌우됩니다. 나는 '의식적 자기암시에 의한 자기 지배'라는 말을 되뇌고는 너무 흥분해 숨을 헐떡거리며 집으로 돌아오자마자 곧 테이블 앞에 앉아, '나는 어떻게든 백만장자가 될 것을 결심한다.'라고 썼습니다."

빌은 아직도 사람들에게 고개를 돌린 채 이야기를 계속했다.

"돈을 벌고 싶다고 생각하는 사람은 자신이 목표로 한 명확한 금액과 기일을 결정해 놓지 않으면 안 됩니다. 나는 그대로 실행했습니다."

지금 말한 사람은 오스트레일리아 의회에서 가장 나이 어린 의원이 된 윌리엄 V. 마코르 씨요, 시드니의 코카콜라 회사의 중역 이 외에 22개의 방계회사의 중역을 겸무하고 있는 사람이다.

또 그의 재산은 그가 읽었던 책에 나와 있던 부호들 못지않을 정도로 어마어마하다.

그는 그 책에서 자기암시를 써서 잠재의식의 힘을 발휘하는 것을 배웠다. 그리하여 그는 예정보다 빨리 소기의 목적을 달성했다.

잠재의식은 독서나 사고의 내용 등에 영향을 받으며, 이 눈에 보이지 않는 힘에는 이미 아는 물리적인 원인에 의한 것도 있지만, 또 미지의 원인에서 유래되는 것도 있다. 그 미지의 원인에 대하여 논의하기 전에 번스 파카도의 저서 '숨은 설득자'가 발간된 이래 지금은 벌써 상식으로 되어 있는 하나의 예를 들어 보겠다.

일류 잡지에 소개된 잠재의식 광고라는 표제의 리포트에 의하면, 뉴저지주의 어느 영화관에서 관객이 의식할 사이도 없을 정도로 눈 깜짝할 사이에 하나의 광고를 스크린에 투영하는 실험을 했다.

그 실험은 어느 영화관에서 6주간에 걸쳐 실시되었다. 즉 4만 명 이상의 관객을 실험 대상으로 하여, 그들에게 아무 암시도 주지 않고 육안으로는 보이지 않는 특수한 방법으로 영화관의 휴게실에서 팔고 있는 두 가지 상품을 한순간 스크린에 영사했다.

그리고 6주가 경과했을 때, 그 두 가지 상품 중 하나는 50% 이상이나 매상이 올랐고, 다른 하나는 약 20% 늘었다.

스크린의 광고는 눈에 보이지 않았지만 그럼에도 불구하고 그 관객들 중 다수의 사람들에게 효과가 있었던 것이다. 그 이유는 의식에는 남지 않을 정도로 희미한 인상이라도 잠재의식은 그것을 흡수할 능력이 있기 때문이라고 고안자는 설명했다.

어떻게 고민을
극복하는가

나는 밑바닥에 떨어졌으나 그것을 이겨냈다.
이제부터는 위를 향해 가는 것이다.
"만일 너희의 번민을 나에게 넘겨주면,
결코 번민은 없을 것이며 나는 너희를 지켜 주리라."

« **1** »
나를 괴롭힌 걱정거리들

— 오클라호마시 **블랙우드** 칼리지 교수

이 세상 마음의 번거로움이 나의 어깨에 떨어져 얹힌 것 같은 기분이 들었다. 나는 다른 보통 사람과 같이 40년 이상을 남편으로서, 아버지로서, 그리고 직업을 가진 사람으로서의 수고로움밖에는 알지 못한 채 단란한 생활을 보내고 있었다. 그런 정도의 수고는 누구나 간단하게 처리할 수 있었다. 그런데 갑자기 어떤 문제가 몰려 온 것이다.

나는 잠자리에 들어서면서도 그 고민에 날이 밝는 것조차 두려워했다. 그것은 마음의 근심거리가 되어 좀처럼 해결되지 않을 것 같았다. 그 고민거리는 다음과 같았다.

● 내가 재직하고 있는 실업계 직업훈련학교는, 학생들이 차츰 줄어들기 때문에 경제적 위기에 직면하게 되었다. 더구나 대부분의 여학생들은 어떤 훈련을 받지 않고도 군수 공장에서 일할 수 있었으며, 우리 학교의 졸업생들도 틈만 나면 아르바이트를

했다.

● 큰아들이 군에 입대하였다. 그리하여 나는 자식을 전쟁터에 보낸 부모들의 공통적인 걱정을 가지게 되었다.

● 오클라호마시는 방대한 토지를 비행장 기지로 수용할 것을 결정했는데, 우리 집은 그 중심에 위치하고 있었다. 그런데 수용될 토지에 대한 보상액이 시가의 10분의 1밖에 받지 못한다는 것을 알게 되었고, 그 때문에 마땅한 집을 구하기 어렵다는 것이었다. 우리 가족 여섯 식구가 살 집이 과연 찾아질 것인지 의문이었다. 천막을 치고 살지 않으면 안 될지도 모르겠는데, 그 천막조차 구할 수 있을지 걱정이 이만저만이 아니었다.

● 우리 집 우물이 메말랐다. 인근의 방수로가 매몰되었기 때문이다. 다시 우물을 파려면 5백 달러는 있어야 한다. 그러나 토지의 수용이 결정되지 않아서 나는 두 달 동안을 매일 물통으로 물을 길어다 가축 먹일 물을 마련하지 않으면 안 되었다. 그러나 이 일이 전쟁이 끝날 때까지 계속되지나 않을까 하고 적잖이 걱정을 했다.

● 나는 우리 학교에서 10마일 가량 떨어진 곳에 살고 있었다. 내 자동차는 오래되어서 낡았거니와 새 타이어를 갈아 끼우지 않았다. 따라서 더 이상 타이어를 못 쓰게 된다면 어떻게 학교에 가야 할지 걱정이었다.

● 우리 큰딸은 예정보다 1년 빨리 고등학교를 졸업했다. 그 아이는 대학에 가고 싶어 했지만, 나로서는 그 학비를 댈 수가 없

었다. 사랑스런 딸을 실망시키게 될 것 같아 참으로 가슴이 아팠다.

어느 날 오후, 의자에 앉아 여러 가지 생각으로 괴로워하고 있다가 문득, 이러한 문제들을 모두 기록해 보기로 했다.

이 세상에 나 이상의 많은 걱정을 가지고 있는 사람은 한 사람도 없을 것 같은 기분이 들었고 어떻게 해서든지 이 문제들을 해결하려 했지만 당장 내가 할 수 있는 일이 없었고 그 번뇌는 뇌리에서 한시도 떠날 줄을 몰랐다.

그런데 날이 가고 달이 바뀜에 따라 나는 그 문제들을 잊어버리고 만 것이다.

1년 반 후에 나는 내 마음속에서 그토록 번거로웠던 문제들을 기록한 종이쪽지를 읽어보게 되었다. 기록할 때만 해도 나는 내 건강마저 해치게 될 것 같은 그 고민거리들을 흥미 있게 읽어보았지만 세상에, 그토록 나를 괴롭히던 문제들은 어느 하나도 현실 속에 일어나지 않았던 것이다.

그 문제들의 결과는 다음과 같았다.

- 학생들이 줄어 학교를 폐쇄해야 할 것이 아닌가 하는 염려는 불필요하게 되었다. 정부가 퇴역군인들의 재교육 활용장으로 사용함에 따라 보조금을 출자하게 되어 학교도 그것으로 충당되었기 때문이다.

- 입대한 아들에 대해서도 염려는 필요치 않았다. 그는 상처 하나 없이 건강하게 복무하고 있었다.
- 비행장으로 계획했던 토지에 대해서도, 우리 농장에서 1마일 떨어진 곳에서 석유가 발견되어 땅값이 폭등되었기 때문에, 예산 관계상 매수가 불가능해진 것이다.
- 가축에 먹일 물 문제도 염려할 필요가 없었다. 토지의 수용이 중지되었기 때문에 나는 돈을 들여서 새로운 우물을 깊이 팠더니 깨끗한 물이 콸콸 솟아났다.
- 타이어가 낡아 걱정했던 염려도, 조심히 운전함으로써 더 지탱할 수 있게 되었다.
- 딸의 교육에 대해서도 번민은 사라졌다. 신학기가 시작되기 두 달 전에, 기적같이 학교의 수업 외에 할 수 있는 회계감사의 일이 의뢰되어 왔다. 그리하여 딸을 대학에 입학시킬 수 있게 되었다.

우리들이 염려하고 번민하던 일들이 99%는 일어나지 않거나 혹은 일어난다 해도 능히 해결할 수 있다고 했지만, 1년 반 전에 걱정거리들을 기록할 때까지 나는 그 이야기를 듣고 흘려버렸던 것이다.

나는 물론 위에 기록한 여섯 가지의 고민거리가 사라지게 된 것을 감사하고 있다. 그리고 이 경험은 나에게 잊을 수 없는 교훈을 가져다주었다. 그것은 나에게 생기지도 않은 일, 즉 일어나지 않을지도 모르는 일, 그럼으로써 인력으로는 어떻게 할 수도 없는 일에 대해서 괜한 걱정만 한다는 것은 너무도 어리석은 일이라는 것을 깨닫게 되었다.

　기억해야 한다. 오늘은 어제 당신이 고민하던 그 내일인 것이다.
　<u>스스로 반문해보자.</u>
　지금 내가 고민하고 있는 일이 정말 일어날지 어떨지…….

<< 2 >>
세상일을 즐겁게 전환시켜야 한다

— 매사추세츠주 **로저 W. 봅슨**(저명한 경제학자)

나는 비록 슬픔에 젖어 있을 때라도, 한 시간 이내에 그 번민을 쫓아 버리고, 세상일을 즐겁게 전환시킬 수가 있다.

여기에 나의 방법을 소개하고자 한다.

나는 서재의 역사책이 꽂혀 있는 책꽂이로 다가간다. 그리고 눈을 감은 채 한 권의 책을 뽑는다. 그것이 누가 지은 것인지는 전혀 알 수 없다. 그리고 계속 눈을 감은 채 무작정 책장을 펼치는 것이다. 그런 다음에 눈을 뜨고 한동안 그 책을 읽어 나간다.

역사의 각 장에는, 전쟁과 기아, 빈곤과 질병, 학살의 만행 등 비인간성의 비참한 이야기로 가득 차 있다. 한 시간여 동안 차분히 그 역사를 읽다 보면, 나는 현재의 상태가 아주 만족스럽지는 않지만 과거와 비교해 보면 훨씬 나아졌다는 것을 확실히 인식할 수가 있다.

그리고 현재의 내 고민에 대해서도 차분하고 침착하게 재검토할 수 있게 되었다.

이 방법은 일상에서 꼭 필요할 만큼 가치가 있다.

역사를 읽자. 그리고 수백, 수천 년 전의 관점에서 현재를 상기해 보자. 아마도 당신의 번민은 아주 보잘것없거나 고민거리도 아니라는 것을 자각하게 될 것이다.

« 3 »
오늘이 인생의 첫날이며, 또 최후의 하루이다

— 윌리엄 라이언 헬프스 교수

나는 예일대학의 헬프스 교수가 작고하기 얼마 전, 그와 함께 오후를 함께 지낼 영광을 가졌었다. 다음은 그때의 대화를 노트에 기록해 둔 것이다.

— 데일 카네기

▶ 내가 스물세 살 때, 돌연 내 두 눈의 시력이 나빠졌다. 3~4분만 책을 읽어도 눈이 바늘에 찔린 것 같았다. 그리고 책을 읽지 않을 때도, 지나치게 과민한 상태에 놓여 창가를 바라볼 수 없을 지경이었다.

나는 뉴헤븐이나 뉴욕의 유명한 안과 전문의사의 진료를 받았으나 아무런 효과도 없었다.

오후 4시가 지나면 나는 방안에서 제일 어두운 곳에 앉아서 잠잘 시간을 기다릴 뿐이었다.

나는 겁이 났다. 교직에서 물러나 서부로 가서 나뭇단이라도 지지 않으면 안 되는 것인가 걱정이 되었다.

그런데 그때 기묘한 일이 일어났다. 내 눈이 최악의 상태에 놓였
던 그 불행한 겨울, 나는 대학 졸업생들 앞에서 강연을 하게 되었다.

강당은 천정에 달린 가스등으로 휘황하게 비치고 있었다. 그 빛이
너무 강렬하여 나는 마룻바닥만 쳐다보려 했었다. 그러나 나는 30분
간의 강연 중 눈에 아무런 고통을 느끼지 않았고, 눈을 깜박이지도
않은 채 그 빛을 보게 되었다. 그리고 강연이 끝났을 때는 다시 내
눈은 고통을 느끼게 되었다.

그래서 나는 무엇인가에 강하게 정신을 집중시킨 채로 30분이 아
니라 한 주일만 그렇게 할 수 있다면 내 눈은 틀림없이 나을 수 있다
고 생각했다. 이것은 분명히 육체적인 질환에 대한 정신적 승리일
것이다.

나는 후일 배를 타고 대서양을 횡단 중에도 똑같은 경험을 했다.
그때는 격심한 요동을 일으켜 걸음조차 걸을 수 없었다. 똑바로 서
려고 해도 심한 고통을 느꼈다. 그런 상태에 있을 때, 선객들에게 이
야기를 들려달라는 의뢰를 받았다.

그런데 내가 이야기를 시작하자 얼마 안 되어 고통을 잊고 똑바로
설 수 있었다. 고통이 내 몸에서 사라진 것이다.

그리하여 나는 똑바로 서서 연단을 이리저리 거닐면서 한 시간을
이야기했다. 그리고 강연이 끝났을 때는 쉽게 선실의 내 방으로 걸
어 올 수가 있었다. 그 순간, 나는 완쾌된 것으로 생각했다. 하지만
그것은 일시적인 것이었다. 그러는 중에 또 요동이 일어나기 시작

했다.

이러한 경험은, 정신적인 태도가 얼마나 중요한 것인가를 나에게 제시해 준 것이다. 따라서 가능하다면 순간순간 최선을 다하며 인생을 즐겨야 한다는 것이 내 지론이다. 그러므로 나는 오늘이 인생의 첫날이며, 또 최후의 하루인 것같이 매일 충실하게 생활하는 것이다.

나는 교수로서 매일의 일과를 사랑한다. 그리고 나는 '가르치는 일의 기쁨'이라는 책을 썼다. 남을 가르치는 것은 나에게 있어서 언제나 예술이며 직업 이상의 것으로 정열적인 것이다.

화가가 그림 그리는 것을 사랑하고, 가수가 노래 부르는 것을 사랑하듯, 나는 가르치는 일을 사랑하고 있다.

아침에 일어나면 나는 언제나 넘치는 기쁨을 가지고 학생들을 생각한다. 인생에 있어서 성공의 큰 원인은 바로 정열이라고 믿고 있다.

▶ 나는 흥미 있는 책을 읽음으로써 마음의 번민을 쫓아낼 수 있다는 것을 알았다. 나는 59세 때, 만성신경쇠약에 걸렸다. 이 병을 앓는 동안 나는 데이비드 알렉 윌슨의 명저 '칼라일전'을 읽었다. 그것은 나를 회복시키는 데 큰 역할을 했다. 나는 독서에 정신을 빼앗기고 병에 대한 번민을 잊은 것이다.

▶ 몸이 으스스 떨려오고 아플 때는 5세트나 6세트가량 테니스를

치고, 점심식사 후에는 매일 18홀의 골프를 쳤다. 금요일 밤에는 밤 1시경까지 춤을 추었다.

나는 많은 땀을 흘리는 데에 찬성한다. 많은 땀을 흘리면 번민이나 근심도 사라지는 것이다.

▶ 나는 서두르거나 당황한다거나 긴장된 상태에서 일을 하는 어리석음을 피한다. 나는 언제나 윌버 클로스의 철학을 응용하는 것을 마음에 두고 있다. 그가 코네티커스의 지사였을 때 나에게 말했다.

"나는 하지 않으면 안 되는 일들이 동시에 밀어 닥치면 의자에 태평히 앉아서 한 시간 동안 파이프를 입에 물고 아무 일도 하지 않는다."

▶ 나는 또 인내하는 시간이 우리의 번민을 해결해 준다는 것을 알았다. 무언가 번민하고 있을 때는 나는 시야에 들어온 것을 관찰하고 이렇게 자신에게 이야기한다.

"두 달만 지나면 이 번민도 해결될 것이다. 그렇다면 왜 지금 그것을 고민하는가. 2개월 후에 취해야 할 태도를 지금 취한다고 나쁠 것은 없지 않은가."

이상을 요약하면 헬프스 교수가 번민을 극복한 방법은 다음과 같다.

● 환희와 열정을 가지고 생활한다.

"나는 그날그날을 인생의 최초의 하루인 것처럼 생활했다."

● 흥미 있는 책을 읽는다.

"만성신경쇠약증에 걸렸을 때 '칼라일전'을 읽음으로써 고민을 잊을 수 있다."

● 운동을 한다.

"몸이 으스스 떨리고 아플 때 종일 신체적 일을 하려고 노력했다."

● 일을 할 때도 여유를 가져라.

"서두르고 당황하고 긴장된 상태에서 일한다는 어리석음을 깨달았다."

● 넓은 시야에서 번민을 관찰한다.

"두 달만 지나면 번민도 해결될 것이고 그렇다면 왜 지금 그것을 고민하는가. 2개월 후에 취할 태도를 지금 취한다고 나쁠 것은 없지 않은가."

« 4 »
운동을 하면 번민이 사라진다

— 변호사, 전 올림픽 권투선수권 보유자, 육군 대령 **에디 이건**

나는 무슨 일이든지 조바심을 내고, 머릿속이 물레방아를 돌리는 것처럼 빙글빙글 도는 것 같고, 전신이 녹신녹신 피로해질 때 간단히 해결하는 법을 알고 있다.

걸음을 걸어도 좋다. 높은 산으로 등산을 가는 것도 좋다. 또한 체육관에 가서 샌드백을 두드리는 것도 좋다.

테니스도 좋다. 왜냐하면 운동이 나의 정신적 번민을 쫓아버리는 것이다.

나는 주말이면 운동을 한다. 골프장을 찾든지 테니스를 하든가 한다. 육체를 피로하게 함으로써, 내 마음은 휴식을 얻게 되는 것이다. 그리고 다시 내 직업으로써 법률문제를 다룰 때는 새로운 열성과 힘을 얻게 되는 것이다.

뉴욕에서 일을 할 때도, 나는 가끔 예일 클럽 체육관에서 한 시간가량 보낼 때가 있었다.

테니스를 하든가, 스키를 타든가 할 때는 그 누구도 번민 같은 것은 하지 않는다. 그럴 겨를이 없는 것이다.

번민에 대한 가장 좋은 해독제는 운동이다. 번민이 많을 때는 될 수 있는 대로 두뇌를 사용하지 말고 근육을 사용하는 것이다. 아마도 그 효과에 놀랄 것임에 틀림없다.

나는 번민이 있을 때마다 의식적으로 운동을 한다. 그리고 운동을 시작하게 되면 그 번민은 바로 사라져버린다.

« 5 »
번민의 악습관

— 공장 관리인, **짐 버드솔**

17년 전, 블랙버그의 육군사관학교 재학 중, 나는 버지니아 공업 학교 출신으로 번민이 많은 자로 알려져 있었다. 나는 실제로 아주 많은 고민에 휩싸였고 자주 병에 걸리고 말았다. 그리고 그것이 일 상이 되어 학교 부속 요양소에 내 전용 병상이 마련되어 있었다.

간호사는 나를 보면 즉시 곁으로 와서 주사를 놓아 주었다.

나는 이 세상 모든 것에 대하여 고민을 했다. 심지어는 때때로 내 가 무엇을 고민하고 있는지조차 모를 정도였다. 그리하여 나는 성적 불량으로 퇴학을 받지 않을까 또다시 걱정하지 않을 수 없었고, 결 국 글쓰기 과목에서 과락을 했고 다른 과목의 시험에서도 성적이 좋 지 않았다.

나는 평균 석차 이상을 유지하지 않으면 안 된다는 것을 알고 있 었다. 그리고 나는 내 건강에 신경이 쓰여 심한 통증을 일으키는 소 화불량 때문에 고민하고, 불면증에 걸려 고민했다. 또한 경제 문제 도 고민이었다.

나는 때때로 애인에게 캔디밖에 사주지 못했고, 춤을 추기 위해 함께 가지도 못했다. 그래서 그녀가 누군가 다른 후보생과 결혼하면 어쩌나 하고 걱정했다.

나는 이런저런 여러 가지 문제에 번민하고 괴로워했던 것이다. 그리하여 절망한 나머지, 나의 번민을 듀그 배야드 교수에게 모두 이야기하게 되었다. 그리고 교수님과의 15분간의 면담은, 나의 대학 생활 4년을 능가하는 최고의 활력소가 되었다.

교수님은 말씀하셨다.

"짐! 자네는 모든 사실을 냉정하고 침착하게 직시해야 되네. 자네가 쓸데없이 번민하고 있는 시간의 반이라도 문제 해결을 위하여 심혈을 기울인다면 그 번민은 없어질 것이네. 번민은 자네가 스스로 자기 자신에게 주고 있는 아주 나쁜 습관에서 오는 것이지."

그리고 그는 번민의 악습관을 타개하는 세 가지 법칙을 알려 주었다.

법칙 1 자기가 번민하고 있는 문제가 무엇인가, 그것을 확실하게 찾아낼 것.

법칙 2 문제의 원인을 찾아낼 것.

법칙 3 문제 해결을 위하여 바르고 건설적인 노력을 할 것.

그 상담 후, 나는 다소 건설적인 계획을 세웠다.

우선 글쓰기에서 낙제점을 받은 것을 고민하기보다도, 왜 실패하였는가를 자신에게 물어 보았다. 그것은 내가 우둔해서가 아니었다. 나는 버지니아 공업학교 재학 중, 학교 신문의 주필을 지낸 적도 있었다.

내가 글쓰기에 실패한 것은, 문장에 흥미를 가지고 있지 않았기 때문이다. 나는 장래 공업기사로서 출세할 생각이었으므로 문장에 힘을 쓰지 않았던 것이다.

그제야 태도를 바꾸게 되었다. 그리고 나 자신에게 말했다.

"만일 대학 당국자가 학위를 받으려면 글쓰기 시험에 패스해야 한다고 요구한다면 나는 그 시비를 운운할 자격도 없지 않은가."

그리하여 나는 다시 글쓰기 시험을 위한 학점 신청을 했고 결국 통과할 수 있었다. 글쓰기는 어려운 것이라는 두려움을 떨쳐버리고 열심히 공부한 것이었다.

나는 또 몇 가지 아르바이트를 함으로써 경제적인 것을 해결했다.

대학 축제가 개최되는 동안 아르바이트를 했고 아버지로부터 돈을 얻는 데도 성공했다. 물론 그 돈은 졸업한 후에 반납했지만 말이다.

그리고 또 하나, 더구나 다른 후보생과 결혼하면 어떡하나 걱정하던 여성에게는 내가 청혼을 해서 그 문제도 해결되었다. 그 여성이 바로 현재의 아내이다.

지금 그때의 일을 돌이켜보면 나의 번민은 그 원인을 찾을 생각은 하지 않고, 사실을 회피하는 데서 생긴 심리적 나약함에서 비롯되었던 것이다.

<< 6 >>
깊고 깊은 밑바닥에 떨어졌어도

— 내셔널 에다멜링 앤드 스텐핑 회사, **테드 엘릭션**

나는 그전에 감히 이야기도 할 수 없는 겁쟁이에 불과했지만 지금은 다르다.

오래전, 나는 한 경험을 했고 그것이 나의 번민을 완전하게 쫓아내준 것이다. 그 경험에 비추어 보면, 그런 번민 같은 것은 문제도되지 않을 것같이 생각되었다.

나는 아주 오래전, 알래스카로 가는 어선에서 한여름을 보내고싶다고 생각하고 있었는데, 마침 알래스카의 고디악 항구로 가는 3피트의 포경선과 계약을 했다.

그런 작은 배에는 승무원이 3명뿐이었다. 배를 지휘하는 선장, 그를 보조하는 조수, 잡무를 맡은 선원, 그리고 마지막 사람은 대개 스칸디나비아인이 보통인데 바로 내가 스칸디나비아인인 것이다.

나는 하루 24시간을 계속 일을 할 때도 있었다. 그것이 어느 때는1주일도 계속될 때도 있고, 게다가 다른 사람이 하지 않는 일도 모두나에게 맡겨졌다.

배를 청소하는 것부터, 어구를 챙기고, 모터의 기름 냄새와 열기로 울렁거리는 작은 선실과 스토브에 나무토막을 때서 식단을 차리고, 그릇을 닦고, 또 배를 수선하기도 했다.

잡은 연어를 배에서 운반선에 옮겨 싣는 것도 나의 몫이었다. 운반선은 그 연어를 육지의 공장으로 가져가는 것이다.

나는 고무장화를 신고 있었지만 언제나 장화 안에는 물이 가득했다. 그것을 쏟을 사이도 없었다.

그러나 이러한 일도, 코르크선이라 불리는 것을 끌어올리는 일에 비하면 아무것도 아니었다. 이 작업은 배 뒤편에 서서 그들의 코르크를 끌어올리는 일인데, 실제로는 그물의 무게로 인해 끌어당겨도 꼼짝도 하지 않는다. 따라서 그물을 끌어올리는 것이 아니고, 내가 있는 힘을 다해 그 그물을 보트에 올려놓는 것이므로 뼈가 부러지는 것만 같았다.

나는 그 일을 몇 주 동안 계속했기 때문에 몸이 솜처럼 늘어졌다. 그리고 전신을 가누지 못할 만큼 아팠고 수개월 후에도 낫지를 않았다.

잠깐이라도 쉴 수 있는 틈이 나면 낡은 매트리스에서 눈을 붙였다. 등에서 제일 통증이 심한 부분을 매트리스의 딱딱한 곳에 대고, 마치 독약을 먹은 사람처럼 정신없이 잠에 취했다. 피로라는 독약을 먹은 것이다.

나는 지금도 그러한 고통과 중노동에서 인내하는 것을 즐기고 있다. 왜냐하면 그것이 나에게서 번민을 쫓아주었기 때문이다.

그리고 지금도 무언가 예기치 않은 문제로 번민이 생길 것 같으면 나는 자신에게 물어본다.

"엘릭션, 이것과 코르크 인양 작업과 어느 것이 더 어려운가?"

그러면 엘릭션은 틀림없이 이렇게 대답한다.

"아니야, 어떻게 그것과 비교할 수가 있어?"

나는 그 경험을 거울삼아 원기를 회복하고 문제의 해결책을 찾는다.

나는 때때로 초죽음에 이르도록 고통스러울 때가 있다면 그것도 약이 된다고 생각한다.

깊고 깊은 밑바닥에 떨어졌어도 곧 그것을 끌어올리는 저력이 생기는 것이다.

« 7 »
나는 세계 제일의 병자였다

— 데일 카네기 회사 전무, 파시 H. 호팅

나는 이 세상 그 누구보다 여러 가지 이상한 병으로 시달리고 있었다. 그러나 나는 우울증 환자는 아니었다.

아버지는 약국을 경영하고 계셨는데, 나는 그곳에서 자랐다고 해도 과언이 아니다.

나는 매일 의사와 간호사의 이야기를 듣고 있었으므로 보통 사람 이상으로 약에 관한 일이나, 여러 가지 병에 대한 지식을 갖고 있었다.

그리고 나는 흔히 있는 우울증이 아니었다. 어떤 특징을 가지고 있었던 것이다. 내가 어느 병에 대해서 한두 시간을 고민하고 있으면, 정말 환자와 같은 증상이 나타나는 것이었다.

회고해보건대 내가 살고 있는 매사추세츠주에서 악성 디프테리아가 유행하던 때가 있었다.

나는 매일 그 병에 걸린 사람들을 치료하기 위해 약을 사러 오는 사람들과 접했고 그러자 내가 염려하고 있던 일이 실제로 일어났다.

내 자신이 디프테리아에 걸린 것이 아닌가 하고 생각하게 된 것이다.

급기야 나는 자리에 누웠고 디프테리아의 증상이 이것저것 나타나기 시작했다.

의사를 불러와 진찰을 했더니 그 의사가 말했다.

"틀림없는 디프테리아요."

그 말을 듣고 나는 안심할 수 있었다.

나는 어떤 병이라도 걸렸다고 해도 별로 무섭지가 않았다. 그리하여 나는 깊은 잠이 들었고 다음 날 아침 완전히 건강한 몸으로 되돌아왔다.

어느 해인가 나는 파상풍이라든가 공수병으로 구사일생의 고비를 치른 때도 여러 번 있었다. 그리고 나중에는 암에 걸려 생사를 오가기도 했고 결핵과 싸우기도 했다.

지금은 웃으며 이 글을 쓰고 있지만 그 당시에는 정말 비참한 기분이었다.

나는 정말 내가 몇 년간을 생사의 고비를 오간 것으로 정말 믿었던 것이다.

봄이 되어서 새 옷을 살 때에는, 언제나 나에게 물었다.

"이 옷을 입고 있을 동안까지 살아 있을지도 모르는데, 쓸데없는 짓이 아닌가?"

그러나 오늘에 이르기까지 나는 지난 10년 동안 죽음에 이른 적이 없다.

어떻게 하면 죽음을 이겨낼 것일까?

나는 그러한 바보 같은 공상을 웃어넘길 수 없는 묘안을 생각해 냈다.

그것은 앞서 예를 든 것과 같이, 병의 징조가 나타날 것 같으면 자신에게 이렇게 말하는 것이다.

"어이, 호팅! 자네는 20년간 온갖 병으로 죽음에 처해 있지 않았는가. 하지만 자네는 피둥피둥 살만 찌고 건강하지 않은가. 그리고 최근에 새로운 보험에 가입하지 않았는가. 이제는 방관자의 입장에서 자네라는 고민덩어리의 바보를 웃어 주는 것이 어떤가?"

나는 드디어 번민을 했던 바보에게 웃어 주기로 작정했다.

어떤 일에 대하여 너무 지나치게 생각하는 것은 옳지 않다. 사소한 번민은 웃으며 떨쳐버릴 수 있다. 웃음으로 번민을 쫓아내는 것은 결코 불가능한 일이 아니다.

« 8 »
나는 밑바닥에 떨어졌으나 그것을 이겨 냈다

— 소설가, **호머 그로이**

내 인생에서 제일 당황한 순간은 치안관이 현관에서 안으로 들어올 때 내가 창문으로 빠져나가던 어느 날이었다.

나는 롱 아일랜드의 프레스트 힐에 있는 나의 집을 잃었다.

우리 아이들이 태어나서, 나와 가족들이 18년간 살아온 집을 잃었고, 나는 그런 일이 일어날 줄은 꿈에도 생각지 못했다.

12년 전에는, 이 세상에서 나와 같이 성공한 경우는 없을 것이라 생각하고 있었다.

내가 쓴 소설이 영화화되어, 나는 할리우드에서 거액의 금액을 받은 것이다. 그리하여 나는 가족과 함께 2년 동안 외국에서 지냈다. 여름은 스위스에서, 겨울은 프랑스 리베라에서 여유 있는 생활을 한 것이다.

나는 파리에서 6개월 동안 머물면서 '그들은 파리를 보지 않을 수 없었다'라는 소설을 썼는데, 월 로저스가 그 영화의 주역을 맡았다. 그런가 하면 나는 할리우드에 머물면서 월 로저스를 위해서 영화 각

본을 4~5편 써 주지 않겠느냐는 말을 들었지만 거절하고 뉴욕으로 돌아왔다.

그런데 그때부터 번민이 시작된 것이다.

나는 내 자신에게 지금까지 발휘하지 못한 숨겨진 재능이 있으리라는 기분이 들었다. 그리하여 나는 내 자신을 유능한 사업가로 자처하게까지 된 것이다.

나는 어느 사람으로부터 아스터가 뉴욕에서 토지를 사들여서 부자가 되었다는 이야기를 들었다.

'아스터라는 자는 도대체 어떤 사람인가! 기껏해야 이민자 아니던가. 그자가 할 수 있다면, 나라고 못 할 리 없다.'

나는 기고만장해 돈을 벌기도 전에 요트의 잡지부터 읽어나갔다.

나에게는 무지에서 오는 넘치는 용기가 있었다.

나는 에스키모 사람들이 석유난로에 대해 무지한 것처럼 부동산 매매에 있어서는 그 어떤 것도 알지를 못했다. 그리고 실업가로서 필요한 자금은 아주 간단히 마련했다.

나는 집을 저당잡혀, 그 돈으로 프레스트 힐의 택지를 매입한 것이다.

그 택지가 공시가격 이상으로 오를 때까지 가지고 있다가 드디어 폭등하면 그 택지를 팔아서 여유로운 생활을 하겠다는 생각이었다.

나는 쥐꼬리만큼의 급료를 받고 일하는 사람들이 어딘가 서글프고 가엾게 생각되었다.

그런데 돌연 불경기가 내습하여, 나는 폭풍이 닭장을 쓸고 갈 때처럼 동요되기 시작했다.

　나는 택지라는 커다란 입에, 매월 220달러씩이나 집어넣지 않으면 안 되었다. 그리고 한 달 한 달 너무도 빠르게 다가오고 있었다. 그 와중에도 나는 저당잡힌 집에 대한 이자는 물론 생활비도 필요했다.

　그리하여 나는 잡지에 유머를 쓰려고 했지만 단 한 편도 팔리지 않았다. 돈을 만들어 쓸 수 있는 것이라고는 타이프라이터뿐이었다.

　우유도 배달해 주지 않았고 가스 회사에서는 드디어 가스공급도 중지시키고 말았다.

　석탄 회사에서는 지불 청구 소송을 제기했다.

　이제 유일한 열은 스토브였고 나는 밤중에 나가서 집 짓는 공사장에서 판자나 나무토막을 주워 불을 때야만 했다.

　나는 번민을 계속하여 밤잠을 이루지 못했다. 자주 밤중에 일어나서 2~3시간씩 거닐기도 했다.

　이제 택지를 잃어버리는 것도 별거 아니었다.

　은행은 저당권을 행사하여 우리 가족들을 쫓아냈고 나는 겨우 손에 남은 몇 푼의 돈으로 아파트에 세를 들었다.

　몇 년이 지난 후, 우리는 어느 날 그곳으로 가보았다.

　나는 어떤 포장 상자에 걸터앉아서 주위를 돌아보았다. 그리고는 어머니가 자주 입에 올리던 옛말을 생각해 냈다.

　"떨어뜨린 캐러멜도 줍기를 망설이지 말아라."

　그러나 이는 캐러멜이 아니다. 그것은 나의 경우에는 선혈인 것이다.

나는 정신을 가다듬고 나에게 말했다.

"나는 밑바닥에 떨어졌지만 어찌했든 그것을 이겨냈다. 이제부터는 오직 위를 향하여 가는 것이다."

나는 집을 잃고 말았지만 아직 남아 있는 것들에 고마워했다.

"건강이 있고, 친구도 있고, 다시 한번 시작하자! 지나간 일을 후회해봐야 아무 소용이 없다. 어머니가 자주 말씀하시던 말을 되뇌기로 하자!"

나는 번민으로 소비하던 에너지를 일하는 데로 몰아넣기 시작했고 조금씩 재정 상태는 나아져 갔다. 그리고 그로 인해 다시 일어설 수 있는 힘과 인내, 자신감을 얻게 되었다.

지금은 복잡한 번민과 불안, 걱정거리가 내 마음을 어지럽게 할 때에는 나는 언제나 포장 상자에 허리를 펴고 앉아서, 나에게 말하던 것을 생각해 내다.

"나는 밑바닥에 떨어졌지만 그것을 이겨냈다. 이제부터는 오직 위를 향해 가는 것이다."

불가피한 것은 받아들여야 한다. 그 이상 떨어지지 않게 위를 향하며 가도록 노력해야 한다.